33 Leselöwen-Geschichten

33 Leselöwen Geschichten

www.leseleiter.de

Der Umwelt zuliebe ist dieses Buch
auf chlorfrei gebleichtem Papier gedruckt.

ISBN 978-3-7855-7258-0
1. Auflage 2011
© 2011 Loewe Verlag GmbH, Bindlach
Umschlagillustration: Martina Theisen
Reihenlogo: Angelika Stubner
Umschlaggestaltung: Christian Keller
Printed in Slovenia (004)

www.loewe-verlag.de

Inhalt

Die Baumhaus-Detektive

„Unser Detektivbüro?" Lotta grinst.
„Ist doch klar, wo das ist: im Baumhaus
natürlich!"

   Lotta, Lars und Philipp sind jetzt nämlich
Detektive. Nur ein Büro muss noch her.

   „Meinst du etwa, die Leute klettern die
Strickleiter hoch, wenn sie einen Fall für
uns haben?", fragt Lars verächtlich.

   „Wir können ja unten am Baumstamm
eine Glocke anbringen", erklärt Lotta.
„Und wenn es klingelt, kommen wir eben
runter. So einfach ist das."

   Philipp nickt. „Klingt vernünftig", sagt er.
Und damit ist die Sache entschieden!

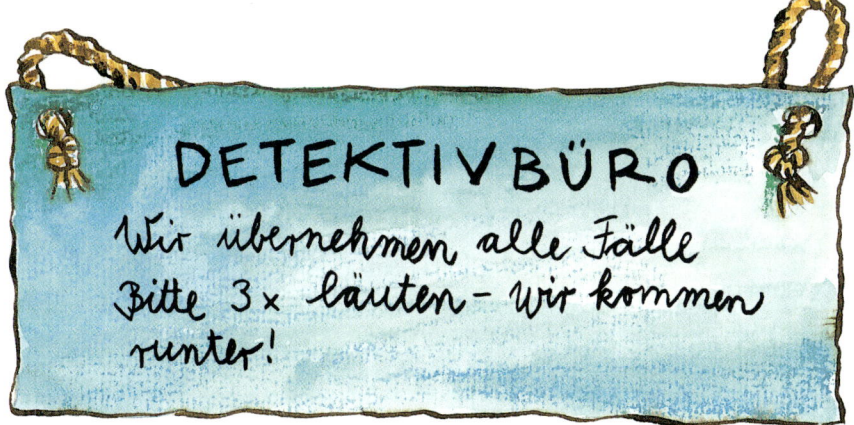

DETEKTIVBÜRO
Wir übernehmen alle Fälle
Bitte 3x läuten – wir kommen
runter!

Gemeinsam schleppen die drei Detektive jede Menge Sachen ins Baumhaus: eine Lupe, Notizbücher, Klebeband. Lars hat sogar ein Fernglas zu Hause aufgetrieben.

„Jetzt haben wir ein echtes Detektivbüro", meint Philipp zufrieden. „Hoffentlich kommt bald jemand mit einem Fall zu uns!"

Den ganzen Nachmittag sitzen Lotta, Philipp und Lars oben im Baumhaus und warten. Alle Witze, die sie kennen, sind längst erzählt, als endlich draußen die Glocke läutet. Blitzschnell hangeln sich die Detektive die Leiter hinunter. Unten steht Frau Krause von nebenan.

„Ich brauche ein paar ausgefuchste Detektive", sagt sie. „Bei mir wird geklaut! Schon seit Tagen!"

„Geklaut?", fragt Lotta aufgeregt. „Was denn?"

„Kekse, jede Menge Kekse! Seit Tagen backe ich für den Kirchenbasar", erklärt

Frau Krause. „Aber immer, wenn ich einkaufen gehe, schleicht sich jemand ins Haus und stiehlt welche! Und das gleich tütenweise!"

„Wir fassen den Dieb", beruhigt Philipp sie gelassen. Lieber hätte er zwar nach einem Juwelendieb gesucht, aber was soll's: Es ist ihr erster Fall. „Bitte zeigen Sie uns gleich mal den Tatort!", sagt er und schnappt sich seine Lupe.

Frau Krause führt die Detektive in ihre Küche. Die ist frisch geschrubbt und blitzblank sauber.

„Hier sind ja alle Spuren weggewischt!",
brummt Lars verärgert. „Wie sollen wir
denn da den Dieb überführen?"

„Dann müssen wir eben das Haus
beschatten", schlägt Lotta vor.

„Genau", meint Philipp und schaut auf
die Uhr. „Wir fangen gleich morgen damit
an. Ich muss jetzt nämlich nach Hause –
zum Abendbrot."

Am nächsten Tag treffen sich die drei
Detektive wieder in ihrem Büro. Vom
Baumhaus aus haben sie Frau Krauses
Haus prima im Blick. Im Garten streicht
Herr Krause den Zaun. Und in der Küche
backt Frau Krause ihre Kekse. Den
leckeren Keksduft können Lotta und die
Jungs sogar bis ins Baumhaus riechen.

„Da krieg ich richtig Hunger!", murmelt
Lotta. „Vielleicht sollten wir auch ein
paar Kekse klauen!"

„Achtung", unterbricht Philipp sie.
„Frau Krause verlässt das Haus."

„Mit zwei leeren Einkaufstaschen", ergänzt Lotta. „Kombiniere: Frau Krause geht einkaufen."

„Jetzt müssen wir aber mächtig aufpassen", wispert Lars.

Mit dem Fernglas beobachten sie die Küche. Auf einmal ist dort ein verdächtiger Schatten zu sehen: Da hat sich doch tatsächlich jemand hineingeschlichen!

Die Detektive umstellen sofort das Haus. Hier kommt keiner mehr raus!

„Wir haben den Dieb! Er ist noch drinnen", rufen die Detektive, als Frau Krause mit vollen Taschen zurückkommt. Eilig schließt Frau Krause die Tür auf. Die Detektive stürmen ins Haus und stürzen sich auf den Mann in der Küche.

„Nicht doch!", ruft der laut.

„Loslassen!", ruft auch Frau Krause schrill. „Das ist kein Dieb, das ist nur mein

Mann! Ihr seid mir vielleicht schöne Detektive! Zu nichts zu gebrauchen! Raus mit euch!" Und damit schiebt sie die Kinder unsanft zur Tür hinaus.

„Mist, den Fall sind wir los!", flucht Philipp verärgert und tritt draußen so fest gegen die Mülltonne, dass der Deckel auffliegt.

„Guckt mal!", ruft Lotta aufgeregt und zieht eine leere Tüte aus dem Müll. „Das ist eine von den Kekstüten."

Philipp braucht nicht mal die Lupe, um die Fingerabdrücke zu entdecken. Denn die sind aus weißer Farbe.

„Das ist die Farbe vom Zaun!", ruft Lars aufgeregt. „Da ist ja klar, von wem die Abdrücke sind!"

„Sie sind der Keksdieb, Sie allein!", stellen sie Herrn Krause zur Rede, als er in den Garten zurückkommt.

„Ach was", brummt er. Doch da hält ihm Philipp die Tüte unter die Nase. „Dieselbe Farbe haben Sie immer noch an den Händen! Das sind Ihre Fingerabdrücke!"

„Ja, ja, stimmt", gibt da Herr Krause kleinlaut zu. „Euch kann man wirklich nichts vormachen. Ihr seid echte Meisterdetektive!"

Lotta strahlt: „Finden Sie?"

„Aber ja", nickt Herr Krause. „Zum Glück hat das meine Frau nicht bemerkt!" Dann seufzt er. „Die Sache ist nämlich so", erklärt er den Detektiven, „freiwillig gibt

mir meine Frau nicht einen Krümel. Die
Kekse sind alle für den Basar. Und dabei
sind sie doch so lecker. Hier!" Herr Krause
kramt eine volle Kekstüte aus seinem
Overall. Die Detektive probieren und
können Herrn Krause sofort verstehen.

„Verratet bloß meiner Frau nichts!",
fleht Herr Krause sie an. Er klingt richtig
verzweifelt.

„Wieso sollten wir?", grinst Lotta
und nimmt sich noch einen Keks. „Ihre
Frau hat uns den Auftrag gekündigt. Und
schließlich bleiben die geklauten Kekse
ja sowieso in der Familie."

Oli hat Mut

Volker, Simon, Manuel und Jörg spielen in der großen Pause Fangen.

„Darf ich mitspielen?", fragt Oli.

„Hau ab, du Knirps!", schreit Volker.

„Wir können keine Zwerge brauchen", sagt Jörg.

„Ich bin kein Zwerg!" Oli gibt Jörg einen kräftigen Schubs. „Damit du es weißt!"

„Pass auf, Jörg!", ruft Simon. „Sonst schlägt der Zwerg dich zu Brei."

Jörg tut so, als würde er vor lauter Angst zittern, und die andern lachen sich fast kaputt.

„Ihr seid blöd!", ruft Oli wütend. „Ganz, ganz blöd!"

„Was man sagt, das ist man selbst!", rufen die vier im Chor zurück.

Oli tippt sich an die Stirn. Dann dreht er sich schnell um, weil er spürt, dass ihm gleich die Tränen kommen. Nein, heulen dürfen ihn die vier nicht sehen. Sonst ist

alles aus. Und er möchte doch so gerne
zu ihnen gehören. Nur weil er einen Kopf
kleiner ist, lassen sie ihn nicht mitspielen
und lachen ihn aus.

„He, Oli!", ruft plötzlich jemand.

Oli hebt den Kopf und sieht, dass die
vier ihn zu sich winken. Im ersten Moment
denkt er: „Nein, zu den blöden Kerlen geh
ich nicht." Aber dann geht er doch.

„Wenn du zu uns gehören willst, musst
du erst beweisen, dass du kein Feigling
bist", sagt Volker.

„Ich bin kein Feigling!"

„Dann komm mit!"

Sie gehen zu den Fahrradständern am
Ende des Schulhofes. Dort passen die
Aufsichtslehrer nicht so genau auf.

„Du musst jetzt auf die Mauer klettern und mit geschlossenen Augen runterspringen", erklärt Volker.

Oli bleibt der Mund offen. „Das ist aber hoch!"

„Ich hab ja gleich gewusst, dass du ein Feigling bist", sagt Jörg.

„Ich bin kein Feigling!", ruft Oli. Aber am liebsten möchte er weglaufen.

Simon holt ein Fahrrad und lehnt es gegen die Mauer. Oli steigt auf den Gepäckständer und von dort auf die Mauer. Volker und Manuel helfen ihm dabei.

„Von oben sieht die Mauer noch höher aus als von unten", denkt Oli.

„Los, spring! Aber mit geschlossenen Augen!"

Oli setzt sich auf die Mauer.

„Sitzen gilt nicht", sagt Jörg.

Oli geht in die Hocke, schließt die Augen – und springt. Gleichzeitig reißt er die Augen wieder auf, federt den Sprung gut ab und rollt seitlich auf den Boden.

Dann steht er auf und strahlt über das ganze Gesicht.

„Das gilt nicht", sagt Volker. „Du hast die Augen aufgemacht."

„Ja, das gilt nicht", stimmen ihm seine Freunde zu. „So kann jeder springen."

„Dann springt ihr doch, ihr Großmäuler!"

„Wir sind ja keine Feiglinge, aber du!"

Oli würde sie am liebsten zusammenschlagen, alle vier. Er klettert noch einmal auf die Mauer, ganz ohne Hilfe. Dabei schürft er sich die Hände auf.

Der Schmerz steigert seine Wut noch. „Ihr seid die größten Idioten von ganz Winterlingen!", brüllt er, so laut er kann.

Dann drückt Oli seine Augen zu und springt. Diesmal öffnet er die Augen erst, als er auf dem Boden liegt.

Simon, Manuel, Jörg und Volker sehen sich ein wenig ratlos an. Oli steht auf und geht an ihnen vorbei.

„Zu euch gemeinen Kerlen will ich gar nicht gehören", sagt er. „Damit ihr es wisst!"

Die Meerschweinchen-Fütter-Maschine

„Simon?", ruft Mama aus der Küche.
„Hast du Robin schon gefüttert?"

„Nein, noch nicht!", rufe ich zurück.
Robin ist mein Meerschweinchen.

„Dann tu es bitte!"

„Gleich", sage ich. „Ich muss erst …"

„Nicht gleich – jetzt!", unterbricht mich
Mama.

„Ja, ja, ja", murmele ich leise.

Jeden Tag geht das so. Wenn Mama
meint, dass Robin Hunger hat, muss ich
immer sofort zur Stelle sein. Dabei würde
es Robin bestimmt nicht schaden, mal
einen Tag lang nichts zu fressen. So
kugelrund wie er ist!

Auf meinem Schreibtisch liegt ein
fast fertig zusammengebautes Flugzeug-
modell. Zwölf Teile fehlen nur noch. Ich
würde es lieber erst zu Ende basteln,
aber wenn Mama „jetzt" sagt, dann

meint sie auch „jetzt". Also schraube ich seufzend den Deckel auf die Klebstofftube und gehe zu Robins Käfig, der an der Wand unter dem Fenster steht.

„Es müsste eine Maschine geben, die dich jeden Tag automatisch füttert", sage ich vor mich hin und nehme die Futterschale aus Robins Käfig. „Eine Meerschweinchen-Fütter-Maschine, was hältst du davon?", frage ich Robin, während ich die volle Futterschale zurück in den Käfig stelle.

Er schaut mich an, als wollte er sagen:
„Wieso, ich habe doch schon eine Fütter-
Maschine: dich!" Und dann macht er sich
über die Schale her, als hätte er seit
Tagen nichts zu fressen bekommen.

„Ich finde die Idee klasse", sage ich
und lege sofort los.

Einen Plan habe ich schnell entworfen
und im Keller finde ich alles, was ich
dafür brauche: die alte „Heiße-Räder"-
Rennbahn, einen Wecker, einen kleinen

Elektromotor, eine Zange, eine Schranke
von der Modelleisenbahn, eine Batterie,
verschiedene Kabel, Schraubenzieher …

   Zurück in meinem Zimmer baue ich
zuerst die „Heiße-Räder"-Bahn auf. Ich
befestige das eine Ende oben auf dem
Wäscheschrank und das andere am
Meerschweinchenkäfig. Die letzte
Schiene endet genau am Gitter über
der Futterschale.

„Pass auf, Robin, jetzt kommt der
erste Test!"

Robin schaut tatsächlich neugierig zu,
wie ich eine Handvoll Körner aus der
Futterpackung nehme und sie oben
auf die „Heiße-Räder"-Bahn lege. Wie
Raketen schießen die Körner die Bahn
hinab, prasseln in die Futterschale,
springen wieder heraus und schießen
kreuz und quer durch den ganzen Käfig.

Robin quiekt erschrocken auf und versteckt sich schnell in seinem Häuschen.

„Tut mir leid", sage ich und suche einen anderen Startplatz. Der Schrank ist eindeutig zu hoch.

Zunächst versuche ich es mit dem Schreibtisch, doch der ist zu niedrig. Die Futterkörner bleiben auf halber Strecke liegen. Das Bücherbord dagegen hat genau die richtige Höhe.

Die Körner rutschen die gesamte Bahn
hinunter und rieseln schließlich langsam
in die Futterschale.

„Super!", juble ich.

Aber der schwerste Teil kommt erst
noch. Ich schneide mit der Zange die
Bahnschranke zurecht, sodass sie genau
in die „Heiße-Räder"-Bahn passt. Dann
verbinde ich eines der Kabel mit dem
Wecker, der Batterie und dem Motor und
schließe die Schranke an den Motor an.
Ich stelle den Wecker und warte gebannt
zwei Minuten – es klappt! Der Wecker
klingelt, die Schranke öffnet sich und
die Futterkörner rutschen hinunter.

„Mama! Sieh mal, was ich gebaut habe!"

Einen Augenblick später führe ich ihr meine Erfindung vor. Wieder funktioniert alles reibungslos: Der Wecker springt an, die Schranke geht hoch, die Körner setzen sich in Bewegung.

„Na?!", sage ich stolz, als das Futter in der Schale liegt.

„Toll", sagt Mama beeindruckt. „Und wie kommt das Futter da oben hin?"

„Das muss ich natürlich dort hinlegen", erkläre ich.

„Ach so", sagt Mama. „Aber wäre es denn nicht einfacher, das Futter gleich in die Futterschale zu legen?"

„Ach Mama", seufze ich. „So macht es doch viel mehr Spaß!"

„Na ja, Hauptsache, Robin wird regelmäßig gefüttert", meint Mama.

„Eben", sage ich, lege eine Handvoll Körner auf die Rennbahn und stelle den Wecker – für morgen.

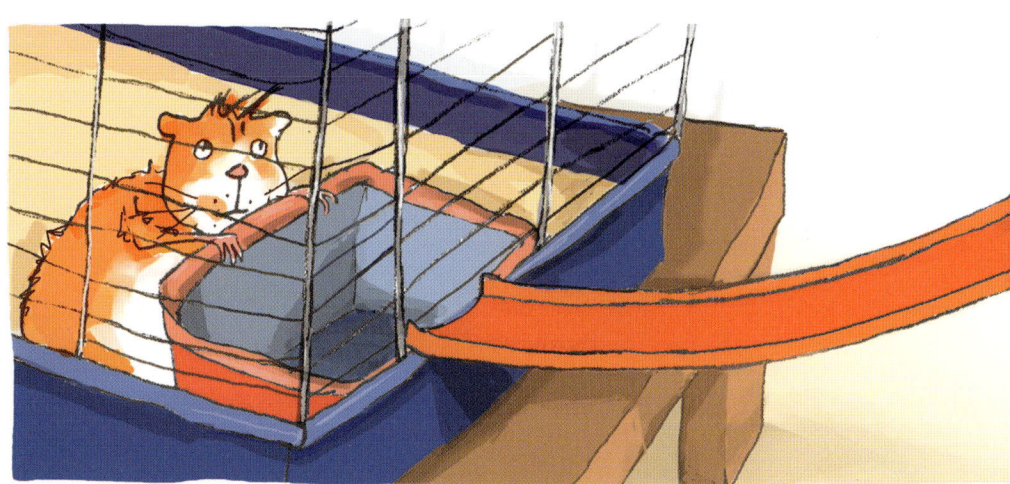

Die Schlange im Klo

„Der hat wirklich eine Schlange", sagt
Fabian zu Mama. „Der Florian von
nebenan."

Dort sind neue Leute eingezogen
und Fabian ist eben hinübergegangen,
um zu schauen. Fabian wartet nämlich
auf jemanden, mit dem er spielen kann.
Und da hat auf einmal Florian vor ihm
gestanden. Florian hat gefragt, ob
Fabian Lust hat, mal zu gucken, was
er in seinem Zimmer hat. Und Fabian
ist mitgegangen.

In der Ecke des Zimmers steht ein
großer Glaskasten. In diesem Terrarium,
Fabian hat sich fast erschrocken, liegt
eine große Schlange.

„Die ist überhaupt nicht gefährlich",
hat Florian zu Fabian gesagt. „Das
denken nur alle Leute, dass Schlangen
gefährlich sind."

Und jetzt steht Fabian in der Küche bei Mama und sagt ihr: „Der hat wirklich eine Schlange, eine Schlange als Haustier. Das hat er mir erzählt."

Mama schüttelt nur den Kopf. „Wie kann man eine Schlange haben? Das sind doch gefährliche Tiere. Und dann noch als Haustier."

„Das ist anders", sagt Fabian. „Der Florian hat mir extra erklärt, dass Schlangen nicht immer gefährlich sind. Dass es gefährliche gibt und ganz ungefährliche. Und diese hier ist eine ganz ungefährliche Schlange."

Am nächsten Tag klingelt es Sturm. Florian steht vor der Tür.

„Meine Schlange ist weg", sagt er. „Sie ist einfach weg." Er ist ganz aufgeregt.

„Die Schla...schlange ist weg? Da...das kann doch gar nicht sein", stottert Fabian.

Da steht seine Mama auch schon hinter ihm. „Siehst du, hab ich's nicht gesagt? Schon haben wir den Zirkus."

Fabian ist es peinlich, wie seine Mama
reagiert. Er beißt sich auf die Lippen.
Aber irgendwie hat sie auch recht.

Tage vergehen, alle wundern sich.
Sie haben wirklich alles abgesucht. Sie
haben unterm Tisch geguckt und hinterm
Schrank und auf dem Schrank und unterm
Bett und unterm Klo und hinterm Bade-
zimmerschrank und an der Badewanne
und in der Badewanne und hinter der
Dusche und in den Handtüchern.
Nirgendwo war die Schlange. Sie haben
in Fabians Wohnung geguckt und in
Florians. Die Schlange ist verschwunden.

Fabian sitzt auf dem Klo. Er überlegt sich dabei, wo die Schlange wohl sein könnte. Er steht auf, er zieht sich die Hose hoch.

Auf einmal taucht etwas Grünes neben dem Klodeckel auf. Fabian schreit, knallt die Badezimmertür zu, ruft ganz laut: „Die Schlange, die Schlange!" Und dann rennt er rüber zu Florians Wohnung und klingelt. Florian macht sofort auf.

„Die Schlange ist wieder da! Die Schlange ist wieder da!"

„Wo denn?", fragt Florian aufgeregt.

„Neben unserem Klo, hinter dem Schrank hat sie wohl gesteckt." Da gibt es nämlich eine Warmwasserleitung und wo es dunkel und warm ist, fühlt sich die Schlange einfach wohl.

Da haben sie doch nicht gründlich genug gesucht! Florian packt die Schlange, nimmt sie mit hinüber ins Terrarium, in dem er Blätter und Erde hat. Die Schlange nistet sich sofort ein,

als wolle sie zeigen, dass sie hier zu
Hause ist.

„Ist sie nicht schön?“, flüstert Florian.
Die Haut der Schlange glänzt golden
und grün.

„Ja“, sagt Fabian.

Und dann beobachten sie die Schlange,
die sich mit ihrer wunderbar glänzenden
Haut langsam in den Blättern windet.
Kaum zu glauben, dass diese harmlose
Schlange so viel Aufregung verursacht
hat.

Das Einhorn im Garten

Gwen und Pia waren Schwestern. Sehr ungleiche Schwestern. Gwen war brav, fleißig und fröhlich. Pia dagegen bockig, launisch und faul. Zu allem Überfluss hänselte Pia Gwen oft, weil die anderen Menschen so gern half. Manchmal zog sie Gwen sogar an den Haaren oder versteckte ihre Lieblingspuppe. Natürlich ärgerte sich Gwen darüber. Trotzdem hatte sie ihre Schwester sehr lieb und verzieh ihr immer wieder ihre dummen Streiche. Eines Tages klebte Gwen ein paar Fensterbilder an die Scheibe.

Da entdeckte sie ein seltsames Tier im
Garten. Neugierig lief sie hinunter und
sprach es an: „Wer bist du denn und
was machst du hier?"

„Ich bin ein Einhorn und habe mich
leider verlaufen. Kannst du mir bitte
den Weg zurück in den Wald zeigen?"

„Das mache ich gerne", sagte Gwen.

Als sie die Straße überquerten, sahen
sie eine alte Frau. In zwei Tüten schleppte
sie ihre Einkäufe. Sie schnaufte und kam
kaum vom Fleck. Gwen nahm der Frau die
Taschen ab und trug sie ihr nach Hause.

Zufrieden setzten sie und das Einhorn
ihren Weg fort. Der Waldrand kam schon
in Sicht, da hörten sie ein leises Wimmern
hinter einem Busch. Ein kleiner Junge
hockte da und jammerte: „Ich habe
meinen Ball verloren!"

Sofort krabbelte Gwen auf allen vieren
durchs Gebüsch, bis sie den Ball gefunden
hatte. Kurz darauf erreichten Gwen und
das Einhorn den Wald. Bevor sie sich ver-
abschiedeten, bat das Einhorn: „Würdest
du mir noch die Mähne kämmen? Sie ist
so staubig und verfilzt von der Reise."

Gwen holte einen Kamm aus dem kleinen Täschchen, das sie stets bei sich trug, und bürstete die Mähne behutsam. Trotz aller Vorsicht lösten sich einige Haare und fielen zu Boden. Wie von Zauberhand verknüpften sie sich miteinander und plötzlich lag ein wunderschönes Kleid zu Gwens Füßen.

„Das ist mein Dank für deine Hilfe", sagte das Einhorn und verschwand zwischen den Bäumen.

Gwen streifte sofort das Kleid über und lief aufgeregt nach Hause. Sie erzählte ihrer Schwester, was passiert war. Pia war neidisch auf das hübsche Kleid und wollte sofort auch eines haben.

Einige Wochen später entdeckte Pia ein Einhorn im Garten.

„Na endlich", rief Pia. „Komm schnell, ich bringe dich zum Wald." Auf der Straße begegneten sie ebenfalls der alten Frau. Achtlos ging Pia weiter. „Willst du ihr nicht tragen helfen?", fragte das Einhorn. Doch Pia schüttelte den Kopf.

„Ach was! Sie ist doch selbst schuld, wenn sie so viel einkauft."

Wenig später trafen sie ein weinendes Mädchen, das seinen Teddy verloren hatte.

„Du hättest besser aufpassen sollen!", schimpfte Pia und ließ die Kleine einfach stehen. Im Wald angekommen, zückte Pia eilig den Kamm, den sie extra eingesteckt hatte, und bürstete die Mähne des Einhorns. Aber sosehr sie auch zog und zerrte, nur ein einziges Haar segelte zur Erde.

„Das ist ungerecht!", maulte Pia. „Meine Schwester hat ein ganzes Kleid bekommen!"

„Öffne dein Herz, wenn du deine Belohnung verwendest!", entgegnete das Einhorn ruhig und trabte davon.

Zurück zu Hause wollte sich Pia gleich bei Gwen beschweren. Doch sie fand ihre Schwester zusammengekauert auf dem Bett.

„Was ist los?", fragte Pia.

„Ich bin hängen geblieben und jetzt hat es ein Loch", schniefte Gwen. Dicke Tränen tropften auf das neue Kleid.

Da bekam Pia Mitleid und sie wusste,
wie sie ihre Schwester trösten konnte.

„Gib her, ich glaube, ich kann es
flicken!", sagte sie. Sie griff in ihre
Tasche, holte das Einhornhaar heraus
und machte sich an die Arbeit. Als sie
fertig war, war von dem Loch tatsächlich
nichts mehr zu sehen. Völlig überrascht
und überglücklich fiel Gwen ihr um
den Hals und rief: „Weißt du was? Wir
könnten das Kleid doch abwechselnd
tragen. Ich leihe es dir, wann immer
du willst."

Baldur von Blechschrecks Geheimnis

Es war einmal ein Rüstungsschneider namens Baldur von Blechschreck. Er fertigte Rüstungen für jeden Geschmack. Er machte große Rüstungen und kleine. Rüstungen für Männer und Frauen, für Pferde und Hunde. Seine Rüstungen waren berühmt für ihre Schönheit und ihre Haltbarkeit. Man hätte denken können, dass Baldur durch seine Arbeit ein reicher Mann geworden war. Doch dem war nicht so.

Denn die edlen Ritter bezahlten schlecht. Oft bezahlten sie sogar überhaupt nicht. Und schon so manches Mal hatte Baldur statt seiner hart verdienten Goldstücke eine Tracht Prügel bekommen.

„So ist das Leben", dachte Baldur. „Ich mache diese Hohlköpfe mit meiner Arbeit unbesiegbar und was bekomme ich dafür? Spott, Hohn und Prügel. Meine Hütte ist zugig und feucht, meine Kinder frieren im Winter und jeden zweiten Tag gibt es Rübensuppe, pfui Teufel. Nein, so geht das nicht weiter."

In den nächsten Nächten schlief Baldur von Blechschreck nicht. Seine schweren Schmiedehämmer dröhnten bis zum Morgengrauen. Seine Esse glühte. Tagsüber fertigte er Rüstungen. Aber was nachts in seiner Werkstatt entstand, das blieb Baldurs Geheimnis.

Nach zehn Tagen kam der Ritter Edmund von Ekelingen, um seine nagelneue pechschwarze, mit Diamanten besetzte Rüstung abzuholen.

„Zwanzig Goldtaler bekomme ich", sagte Baldur von Blechschreck und

half dem Ritter, die neue Rüstung anzu-
legen.

„Später", brummte Edmund von Ekelingen
und betrachtete sich zufrieden im Spiegel.

„Nein, bitte. Ich hätte es gern gleich!",
widersprach Baldur.

„Was hast du gesagt?", knurrte der Ritter
und hielt ihm sein riesiges Schwert vor die
Brust.

Baldur machte ein paar Schritte zurück,
bis er neben der Tür seiner Werkstatt
stand. „Ich möchte mein Geld gleich!",
wiederholte er mit bebender Stimme.

Das gefiel dem unedlen Ritter von
Ekelingen überhaupt nicht.

„Du wagst es, elender Blechschneider!",
brüllte er und zog mit finsterer Miene
seine gewaltige Keule aus dem Gürtel.
Da stieß Baldur die Werkstatttür auf.

Mit grässlichem Fauchen schob ein
riesiger Drache aus Eisen seinen Kopf
heraus. Er öffnete sein gewaltiges Maul,
fletschte die silbernen Zähne und blies

dem Ritter eine gelbe Stichflamme vor die Füße.

„Hilfe!", schrie der Ritter und versteckte sich hinter dem Ladentisch. „Nimm das Vieh weg."

„Sobald du bezahlt hast", sagte Baldur.

Dem Ritter tropfte der Schweiß vom kahlen Schädel. Das Feuer des eisernen Drachen leckte an seiner neuen Rüstung und machte einen Backofen daraus.

„In Ordnung, in Ordnung!", brüllte der Ritter. Er war schon krebsrot. Mit zittern- den Fingern griff er an seinen Gürtel und warf Baldur einen Beutel Gold zu.

Der schnalzte mit der Zunge. Sein eiserner Drache zog den schrecklichen Kopf ein und Baldur schloss die Werk- statttür wieder.

Ritter Edmund von Ekelingen aber rannte wie ein Kugelblitz aus dem Laden und erzählte überall, was passierte, wenn man Baldur von Blechschreck nicht für seine Arbeit bezahlte.

Als ich in einer Nuss eingesperrt war

Einmal, es war zu Weihnachten, habe
ich Nüsse gegessen. Ich war so alt wie
ihr und ganz allein zu Hause. Als ich eine
besonders schöne Nuss mit dem Nussknacker öffnete – *krack!* –, fiel ein lila Kern
heraus. Na, so was! Sonst haben Nüsse
immer braune Kerne, aber dieser hier?
Ich steckte ihn in den Mund.

   Mmmh, der schmeckte vielleicht gut!
Wie Marzipan, Sahnebonbon und Schoko-
lade – alles zugleich. Ich verschlang ihn
mit großem Appetit. Doch was war das?
Auf einmal wurde ich kleiner und kleiner,
der Nussknacker sah nun aus wie eine
Riesenzange und meine Tasse auf
dem Tisch war groß wie ein Haus.

Ich rief um Hilfe, aber keiner konnte mich mehr hören, auch wenn jemand im Haus gewesen wäre. Ich piepste nämlich wie eine Maus. Oder noch leiser. In meiner Verzweiflung setzte ich mich in die Nuss-schale – und plötzlich war es stockfinster um mich.

Jemand hatte die andere Hälfte der Schale daraufgeklappt und festgeklebt. Oder war sie von allein zugegangen?

Wer noch nie in einer Nuss eingesperrt war, kann sich das gar nicht vorstellen. Nun wurde auch noch die Luft knapper. Lange konnte ich das nicht mehr aus-halten, dann musste ich kläglich ersticken.

Endlich hörte ich Stimmen.

„Eine einzige Nuss hat sie mir übrig gelassen!", sagte meine Schwester Irene.

Die Nuss, in der ich saß, wurde hochgehoben und kräftig geschüttelt. Ich fuhr in der Schale herum wie Wäsche in der Waschmaschine, wenn die Schleuder angestellt ist. Das war ekelhaft. Mir wurde schwindelig. Dann fiel die Nuss herunter, zerbrach – und ich kollerte heraus. Ohne hinzusehen, griff Irene nach mir und wollte mich in den Mund stecken. Sie hielt mich für den Nusskern. Ich zappelte und schrie. Endlich merkte sie es.

„Aber das ist doch …" Sie starrte mich
verblüfft an. „Wie kommst du denn in
die Nuss?"

Das hätte ich auch gern gewusst. Mein
Bruder Paul, der Chemiker ist, kam mit
einer lila Flüssigkeit und sagte: „Das ist
ein Super-Antikleinheitsmittel. Ich habe
es gestern erst erfunden."

Dann besprengte er mich damit. Da
wurde ich wieder groß. Na, war ich aber
froh! Es ist nämlich sehr unheimlich,
in einer Nuss eingesperrt zu sein.

Mörikes bestes Gedicht

„Nun hör doch mal auf herumzuzappeln!",
sagt Papa.

„Ich zapple nicht!", ruft Geeny. „Das
ist das Gedicht, das in mir zappelt! Das
Gedicht, das ich gleich in der Schule
aufsagen muss!"

„Das ist aber wirklich ein sehr
zappeliges Gedicht", meint Papa. „Von
wem ist es denn?"

„Edward Möhre", kräht der kleine Julius.
„Das hab ich mir gemerkt!"

„Eduard Mörike", verbessert Geeny
und macht sich auch schon auf den Weg
zur Schule.

Geeny ist zuerst dran. Auch das noch.

Sie steht ganz allein vor der Klasse
und der Lehrer lächelt ihr zu. Er hat ein
sehr schönes Lächeln. Das ist ja das
Schlimme. Geeny ist nämlich … also …
ein klitzekleines bisschen in ihn verliebt.

Er heißt Herr Mörike, hat Sommer-
sprossen und hellblondes Haar und
knallgrüne Augen. Geeny hat extra ein
Gedicht von Eduard Mörike genommen,
ein extraschwieriges, weil der genauso
heißt. Sicher mag Herr Mörike Mörike.

Sie wischt ihre schweißnassen Hände
an der Hose ab und fängt an: „Im …
ähm … Frühling."

Sie sieht ganz deutlich die erste Zeile
des Gedichts vor sich: *Hier lieg ich auf
dem Frühlingshügel, die Wolke wird mein
Flügel, ein Vogel fliegt mir voraus.*

„Hier lieg ich", beginnt Geeny, „… auf dem Flügelhügel, die Wolke wird gezügelt …"

Was erzählt sie da nur? So heißt das doch gar nicht!

„Ein Vogel bügelt sein Haus", fährt sie fort, „ach, sag mir, warum ich so lüge! Wo sind die verspäteten Züge?"

Die Worte verheddern sich in Geenys Kopf. Was jetzt? Sieht aus, als müsste sie einfach etwas erfinden, das sich reimt, und so tun, als wäre alles in Ordnung.

Dieses Gedicht hat aber auch viele
Üs! Verzweifelt macht sie weiter:

„Der Sonnenblüme gleich steht mein
Gemüse … mitten in der Kombüse! Die
Wolke drüben fällt in den Fluss, es müht
sich ab der Omnibus. Es blühn von Nord
nach Süd die grünen Zweige. Und mein
müdes Herz …" Sie holt ein letztes Mal
tief Luft und reimt: „… spielt Geige."

Es ist ganz still im Klassenzimmer.
Nina macht ein fragendes Gesicht.

Doch dann klatscht Herr Mörike laut in die Hände und da klatschen auch alle anderen.

„Wunderbar!", ruft Herr Mörike. „Ganz wunderbar! Eigentlich mag ich Mörike nicht so, aber dies ist hervorragend! Ich wusste gar nicht, dass er auch lustige Sachen geschrieben hat! Das ist mit Abstand sein bestes Gedicht!"

Herr Mörike schenkt Geeny sein strahlendes, sommersprossiges Lächeln. Und ihr wird dabei ganz warm … Wenn sie erwachsen ist, denkt Geeny, wird sie ihn vermutlich heiraten müssen.

Blitz hat Angst vor Donner

Klock-klock, klock-klock galoppieren
Lisa und Juli durch den Wald. Auf den
steinigen Wegen klingen die Holzclogs
an ihren Füßen genau wie echte Pferdehufe. Dazu wiehern und schnauben die
beiden. Jeden Ferienmorgen reiten sie
mit ihren unsichtbaren Pferden Schwarzer
Pfeil und Bonny auf die Lichtung und
spielen, sie würden sie an der Longe
führen. Manchmal „galoppieren" sie auch
bis zum Reiterhof am Ende des Waldes
und sehen sich die echten Pferde an.
Aber bis dahin ist es ziemlich weit und
heute haben sie keine Lust auf lange
Wege.

„Ho, Schwarzer Pfeil! Ganz ruhig!"
Lisa tätschelt beruhigend die Luft, da
wo Schwarzer Pfeil seinen Hals hat. „Ich
glaube, er spürt, dass wir ein Gewitter
bekommen."

„Bonny ist auch schon ganz unruhig.
Vielleicht sollten wir sie lieber in den
Stall bringen?"

„Einverstanden", sagt Lisa und greift
nach den unsichtbaren Zügeln von
Schwarzer Pfeil. In der Ferne ist ein
leises Donnergrollen zu hören.

„Das wird wohl ein echtes Gewitter."

Juli schaut zum Himmel, der schon ganz düster aussieht. „Zum Glück haben wir die Regenjacken angezogen. Wollen wir trotzdem lieber nach Hause?"

Aber bevor Lisa antworten kann, hören die Mädchen plötzlich ein Geräusch: Pferdehufe! Und wie aus dem Nichts steht ein Fohlen auf der Lichtung. Es trägt kein Zaumzeug und ist ganz allein. Als es Lisa und Juli sieht, wiehert es ängstlich und schreckt ein paar Schrittchen zurück.

„Das muss vom Reiterhof abgehauen
sein", flüstert Lisa.

In diesem Moment donnert es noch
einmal. Das Fohlen bäumt sich auf und
wiehert kläglich.

„Hab keine Angst", versucht Juli es
zu beruhigen, „das ist nur ein Gewitter."
Beim nächsten Donner dreht sich das
Fohlen sogar einmal um sich selbst,
weil es nicht weiß, wo es hinlaufen soll.

„Wir brauchen einen Strick", sagt
Juli.

„Wir haben aber keinen. Und auch keinen Schal und nichts", meint Lisa.

„Wir müssen es aber irgendwie zurück nach Hause bringen. Wenn es aus dem Wald rausrennt, kommt es direkt auf die Straße und wird vielleicht überfahren."

Juli macht vorsichtig einen Schritt auf das Fohlen zu, aber es schreckt sofort zurück.

„Ruhig", sagt Juli. *Pitsch, patsch* geht der Regen los und ein Donnerschlag versetzt das Fohlen von Neuem in Angst und Schrecken.

„Ich hab eine Idee!" Lisa zieht ent-
schlossen ihre Kapuze auf. „Wir reiten
ihm was vor."

Juli kapiert kein Wort. Aber Lisa steigt
einfach auf den Rücken von Schwarzer
Pfeil und galoppiert los in Richtung Reiterhof. Jetzt schwingt sich auch Juli auf ihr
unsichtbares Pferd und *klock-klock, klock-
klock* klingen die Hufgeräusche der
Holzclogs über die Lichtung. Das Fohlen
macht einen Schritt nach vorn, dann noch
einen, dann läuft es langsam hinter Lisa
und Juli her.

„Es klappt!", flüstert Lisa. „Es denkt, wir sind Pferde."

Der Regen prasselt, ab und zu donnert es noch von Weitem, aber das Fohlen hört jetzt nur noch auf das Hufgeklapper von Juli und Lisa. Bis zum Reiterhof folgt es den beiden, den ganzen langen Weg. Als sie am Gatter ankommen, stürmt ein Mann auf sie zu. Es ist der Besitzer der Pferdefarm.

„Blitz! Wo kommst du denn her?", fragt er liebevoll. „Ich hab dich gesucht." Blitz wiehert und jetzt klingt es ganz fröhlich.

Juli und Lisa erzählen, was passiert ist.
Der Farmbesitzer kratzt sich den Kopf
und murmelt: „Ich kann gar nicht glauben,
dass er euch gefolgt ist. Gut gemacht!"
Lisa und Juli wissen nicht genau, ob er
damit das Fohlen meint oder sie.

   „Ich schulde euch was", sagt er dann.
„Könnt ihr reiten?" Beide schütteln den
Kopf. Holzclog-Galopp zählt natürlich
nicht. „Hättet ihr Lust auf einen Wochen-
end-Reitkurs für Anfänger? Kostenlos
natürlich." Lisa und Juli steht der Mund
offen.

„Ja", schafft Juli zu sagen. „Das wäre obertoll." Der Regen hört auf und die Sonne kommt durch die Wolken.

„Dann sehen wir uns am Samstag. Wenn eure Eltern einverstanden sind."

Die müssen einfach einverstanden sein! Glückstrahlend sitzen Juli und Lisa auf Schwarzer Pfeil und Bonny auf, verabschieden sich vom kleinen Blitz und seinem Besitzer und galoppieren, *klock-klock*, *klock-klock*, nach Hause – zum letzten Mal auf unsichtbaren Pferden.

Das Piratenschiff

Diese Geschichte ereignete sich vor langer, langer Zeit:

Der Griechenjunge Perikles hatte auf dem Frachtschiff *Akropolis* als Matrose angeheuert. Und nun fuhr er zum ersten Mal hinaus auf hohe See.

Perikles war arm. Das Einzige, was er besaß, war eine geschnitzte Flöte, die ihm einst sein Großvater geschenkt hatte. In jeder freien Minute spielte Perikles darauf. Auch jetzt.

Es war schon dunkel. Perikles saß an Deck des Schiffes.

Der Smutje kam vorbei und sagte: „Du solltest lieber in deine Koje gehen. Heute ist Vollmond. Da spukt das Piratenschiff wieder herum."

„Das Piratenschiff?", fragte Perikles neugierig.

Der Smutje erzählte: „Vor vielen Jahren ist das Piratenschiff auf ein Felsenriff gelaufen und untergegangen, mit Mann und Maus. Und nun finden die Seeräuber keine Ruhe. Wer ihnen begegnet, verliert das Liebste, was er hat."

„Das ist ein seltsames Märchen", sagte Perikles lächelnd, lehnte sich zurück und blies nachdenklich auf seiner Flöte.

Rund und hell stand der Mond am Himmel.

„Eigentlich bin ich doch ein recht glücklicher Junge", dachte Perikles, während er ein Schlaflied spielte. Es sollte für heute das letzte sein, danach wollte er sich hinlegen. Aber halt – was war das?!

Am Horizont tauchte ein großes Schiff
mit geblähten Segeln auf und kam mit
unglaublicher Geschwindigkeit näher:
das Piratenschiff! Ein Mann mit einer
schwarzen Augenklappe stand an Bord,
grinste hämisch und rief: „He, Jungs!
Bringt mir das Schmuckstück rüber."
   Zwei Seeräuber schwangen sich
mit einem Seil an Deck der *Akropolis*,
stürzten sich auf Perikles, entrissen ihm
die Flöte, fesselten und knebelten ihn.
Dann verschwanden sie spurlos.

Am nächsten Morgen fanden die Matrosen Perikles.

„Ich habe das Geisterschiff gesehen!", sagte er schaudernd. „Die Piraten haben mir die Flöte weggenommen." Denn sie war das Liebste, was er besaß.

Als die *Akropolis* in Afrika anlegte, kauften die Matrosen für Perikles eine neue Flöte: eine aus Ebenholz. Darauf spielte Perikles alle seine Lieder und die Matrosen hörten ihm zu. Aber wenn es Abend wurde, ging er lieber in seine Kajüte, denn dem Piratenschiff wollte er kein zweites Mal begegnen.

Ausgelacht
wird niemand gern

Damals, als Buffalo Bill noch lebte,
gehörten zur Ausrüstung eines echten
Cowboys nicht nur ein Pferd und ein
Lasso, sondern auch ein Revolver und
ein Patronengurt. Mit diesen Revolvern
wurde viel Unsinn getrieben und dabei
waren sie völlig unnötig. Leider waren
die meisten Cowboys der Ansicht, dass
sie ohne Patronengurt und Revolver
nur halbe Menschen seien.

Sie vergaßen einfach, dass eigentlich das Kühehüten ihre Arbeit war und nicht das In-der-Gegend-Herumballern.

Das ging dann manchmal so weit, dass die Cowboys, statt Guten Tag zu sagen, ihren Revolver zogen und drei Schüsse abfeuerten, statt auf Wiedersehen fünf und wenn sie einem Mädchen zeigen wollten, wie sehr sie es liebten, schossen sie sogar sechsmal hintereinander in die Luft. Mehr als sechsmal konnten sie zum Glück nicht schießen, weil ein Revolver nicht mehr als sechs Patronen in seiner Trommel hat.

Eines Tages wurde es dem Sheriff in Gold-City zu viel. Dieser Sheriff hieß Sam. Er gehörte zu den wenigen Sheriffs, die kein Schießeisen brauchten, um für Ruhe und Ordnung zu sorgen.

„Denen zeig ich's", sagte er zu sich selbst. „Die Knallerei und das viele Blut, das dabei vergossen wird, halt ich einfach nicht länger aus." Und er ließ sich etwas einfallen.

Ein paar Tage später hingen überall
in der Stadt Plakate, die alle Revolver-
helden zu einem Schießwettbewerb
einluden. Der erste Preis bestand aus
hundert Silberdollar und einem Fass
Whiskey. Viele Männer meldeten sich
zum Wettbewerb an.

„Damit alles mit rechten Dingen zugeht", sagte der Sheriff zu den Schützen,
„verlange ich, dass ihr am Abend vorher
eure Waffen bei mir abliefert. Ich schließe
sie ein und geb sie euch am anderen
Tag wieder zurück."

Das hörten die Cowboys ungern,
denn sie trennten sich nur schwer von
ihren Revolvern. Doch die Aussicht, den
ersten Preis zu gewinnen, machte sie
nachgiebig.

Am Abend vor dem Wettbewerbstag
lieferten sie ihre Revolver im Sheriff-
büro ab.

Der Sheriff hatte sich inzwischen vom
Apotheker der Stadt ein weißes Pulver
besorgt. In der Nacht schüttete er das
in den Lauf jeder Waffe.

Am anderen Morgen gab er jedem Cowboy seinen Revolver zurück. Dann ging er mit ihnen zu einem freien Platz. Dort warteten schon viele Zuschauer, natürlich auch viele hübsche Mädchen.

Breitbeinig stellten sich die Männer in einer Reihe auf, weil sie wussten, dass das ganz toll aussah und großen Eindruck machte. Sie warfen ihre Köpfe in den Nacken, zogen ihre Revolver, kniffen ein Auge zu und zielten auf die leeren Flaschen, die der Sheriff in einiger Entfernung auf Zaunpfosten gestellt hatte. Dabei kamen sie sich natürlich sehr heldenhaft vor.

Dann kommandierte der Bürgermeister: „Eins, zwei – los!", und alle drückten auf den Abzug. Doch aus dem Lauf jedes Revolvers kam nicht nur eine Kugel, sondern auch eine gehörige Ladung Niespulver. Und weil die Schützen gegen den Wind standen, blies er ihnen die Niespulverwolke direkt in die Nasen.

„Hatschi – hatschi!", begannen da alle zu niesen. „Hatschi – hatschi!" Die Tränen liefen ihnen über die Gesichter vor lauter Nieserei.

Das sah überhaupt nicht heldenhaft aus und die Zuschauer begannen erst zu kichern und gleich darauf laut zu lachen. Am lautesten lachten die hübschen Mädchen.

Und weil sich – weder bei uns noch im Wilden Westen – niemand gern auslachen lässt, schleuderten die Männer wütend ihre Revolver auf den Boden und liefen davon.

Seitdem hat man in Gold-City kaum einen von ihnen mehr mit einer Waffe herumlaufen sehen.

Die Kinderdisco

„Mama, darf ich nicht doch zum Schulfest?", fragt Nora traurig.

Mama zeigt ihr lachend einen Vogel.
„Klar, und dein Gipsbein schrauben wir
schnell mal ab! Du weißt doch, dass du in
nächster Zeit noch im Bett bleiben musst!"

Eigentlich ist Nora ja ganz froh, dass sie
zurzeit nicht in die Schule muss. Aber auf
das Schulfest hat sie sich schon seit Weihnachten gefreut. Dieses Jahr soll es nämlich eine richtige Kinderdisco geben. Mit
allem, was dazugehört: cooler Musik, einer
super Lichtanlage und witzigen Klamotten.

Oma hat extra ein ganz tolles Kleid für Nora genäht. Es ist lila mit lauter bunten Schleifchen dran. Außerdem hat Papa vom Dachboden seine alte Glitzerkugel geholt, die wunderschöne Sterne an die Decke zaubert. Nora hat schon allen erzählt, dass sie die Kugel mitbringen wird. Und überall hat sie mit ihrem Kleid angegeben.

Aber dann hat sie sich beim Skateboard-fahren das Bein gebrochen. Zu blöd! Und jetzt fällt das Schulfest für Nora flach.

„Immer nur im Bett rumliegen ist doof!", schimpft Nora und starrt die Zimmerwand an. „Ich bin doch keine Bockwurst!"

Mama verdreht die Augen. „Als ob Bock-würste im Bett herumliegen! Nächstes Jahr gibt es doch auch wieder eine Kinderdisco!"

„Bis dahin bin ich längst verschimmelt!", jammert Nora und weint fast dabei. „Außerdem passt mir nächstes Jahr das Kleid bestimmt nicht mehr!"

Sie schaut unglücklich zum Schrank
hinüber, an dem auf einem Kleiderbügel
ihr Discokleid hängt. Traurig zieht sich
Nora die Decke über den Kopf und
versucht, an etwas anderes zu denken.
Dabei schläft sie irgendwann ein.

   Als sie wieder aufwacht, ist es stock-
dunkel im Zimmer. Oje! Ist es etwa schon
so spät? Schnell knipst Nora die Nachttischlampe an.

   „Überraschung!", tönt es da aus der
Zimmerecke und ihre Schulfreunde
Hannah, Max, Beate, Sara und Peter
springen hervor.

„Warum seid ihr denn nicht auf dem Schulfest?", fragt Nora verwundert. „Und wer hat den Rollladen in meinem Zimmer heruntergelassen?"

Max setzt sich lachend auf Noras Bettrand.

„Wir haben uns gedacht, dass wir die Kinderdisco einfach in dein Zimmer verlegen!", platzt er stolz heraus.

Beate legt eine CD in Noras Stereo-anlage ein und dreht die Musik ganz laut auf.

Jetzt kommt auch Noras Mama herein.
„Die richtige Beleuchtung fehlt natürlich
noch!", sagt sie und hängt die große
silberne Glitzerkugel vom Dachboden
an die Decke. Dann richtet sie Noras
Nachttischlampe direkt auf die Kugel.
Spitze, wie das aussieht! Als würden
lauter kleine Sternschnuppen auf der
Zimmerdecke herumtanzen!

„Jetzt müsst ihr uns kurz alleine lassen,
damit Nora sich umziehen kann!", sagt
Mama dann. Als die anderen das Zimmer

verlassen haben, hilft Mama Nora in ihr Schleifchenkleid.

„Reinkommen!", ruft Mama dann und die Freunde und Freundinnen kommen wieder ins Zimmer gestürmt. Sie haben sich auch umgezogen. Hannah hat eine witzige gelbe Schirmmütze auf dem Kopf und Peter trägt eine Jeans mit ganz vielen Löchern darin. Aber Noras Kleid ist das schönste von allen.

Mama zwinkert Nora zu. „Für eine Bockwurst siehst du ganz schön cool aus!"

Es geht ums Ganze

Vera und Max hocken auf zwei Stroh-
ballen im Stall.

„Okay", sagt Max. „Fassen wir noch
einmal zusammen: Wenn Komet das
Springturnier am Ende der Reiterferien
gewinnt, will Herr Schmidt ihn verkaufen."

„Ja!", schluchzt Vera. Mit tränenerfüllten
Augen blickt sie zu Komets Box hinüber.
Der Braune hat den Kopf weit heraus-
gestreckt und guckt sie ebenso traurig an.

„Und weil Herr Schmidt seinen Sohn
Tom für den besseren Reiter hält, soll
der ihn reiten", fährt Max fort.

„Ja. Das ist so ungerecht! Tom kümmert
sich doch nie um Komet. *Ich* habe ihn die
ganze Zeit trainiert und ich will nicht, dass
Herr Schmidt meinen Komet verkauft.
Wenn ich doch nur was dagegen tun
könnte!", jammert Vera und wischt sich
eine Träne aus dem Gesicht.

„Und du reitest jetzt Wotan im Turnier?",
fragt Max nachdenklich.

Vera seufzt wieder. Ja, sie wird Wotan
reiten. Und der ist das krasse Gegenteil
von Komet. Er ist springfaul und leider
auch etwas langsam. Mit dem würde
sie nie …

Plötzlich ist Vera sehr aufgeregt.

„Max, ich hab's", ruft sie und springt auf.
„Es gibt nur einen Weg, Komet zu retten.
Wotan und ich, wir müssen gewinnen."

„Glaubst du an Wunder?", fragt Max
zweifelnd.

Vera rennt zu Komet und schlingt die Arme um seinen Hals.

„Ich schaff das. Mach dir keine Sorgen!", flüstert sie ihm zu.

Von nun an trainiert Vera in jeder freien Minute den behäbigen Falben Wotan. Es ist ein gutes Stück Arbeit. Springen mag er nicht und schnelle Bewegung auch nicht. Jeden Tag verlässt Vera schweiß-gebadet den Abreitplatz. Vera müht sich und müht sich. Sie muss gewinnen! Sie hat es Komet versprochen.

Endlich ist der Tag des Springturniers da. Ein Pferd nach dem anderen geht über den Parcours. Hindernisse werden abgeworfen, einige Pferde verweigern und der ein oder andere Reiter verlässt unfreiwillig den Pferderücken. Der Parcours ist schwer! Vera hat die vorletzte Startnummer. Nach ihr ist Tom auf Komet an der Reihe. Unruhig beobachtet sie die Reiter im Parcours. Bis jetzt ist keiner mit null Fehlerpunkten durchs Ziel gegangen.

Jetzt ist Vera dran. Sie reitet auf
Wotan in den Parcours ein.

„Wir begrüßen den Reiter mit der
Nummer 18. Vera Neumann auf Wotan",
verkündet der Platzsprecher.

Vera nickt den Schiedsrichtern zu. Das
Publikum applaudiert.

„Enttäusch mich nicht!", flüstert sie
Wotan zu.

Der stellt aufmerksam die Ohren auf. Da ertönt der Gong. Vera treibt Wotan an. Schon geht es über das erste Hindernis: zwei über Kreuz gelegte Stangen. Perfekt! Weiter über den Oxer. Vera kann ihr Glück kaum fassen. Wotan geht butterweich unter ihr. Jetzt auf den Wassergraben zu. Vera merkt, dass Wotan langsamer wird. „Jetzt nicht aufgeben", flüstert sie ihm ins Ohr. Vera spürt, wie Wotan sich streckt. Dann das Ziel! Null Fehlerpunkte! Vera fällt Wotan um den Hals.

Da ertönt ein Räuspern aus den Lautsprechern. Der Platzsprecher erhebt die Stimme: „Einen Moment, bitte!" Dann hört man leises Flüstern. Es knackt im Lautsprecher und der Platzsprecher verkündet: „Für den Reiter mit der Nummer 18, Vera Neumann, auf Wotan drei Fehlerpunkte wegen Zeitüberschreitung."

Zeitfehler? Laute „Oh"-Rufe von der Zuschauertribüne erfüllen den Platz.

Sofort schießen Vera die Tränen in die Augen. Sie hat es nicht geschafft. Und Komet wird null Fehler gehen und verkauft werden.

Niedergeschlagen reitet sie vom Platz. Aus den Augenwinkeln heraus sieht sie Tom auf Komet in den Parcours reiten. Vera sitzt ab und bedankt sich bei Wotan mit einem Leckerli. Er hat wirklich sein Bestes gegeben. Vera mag gar nicht sehen, wie Komet Hindernis für Hindernis elegant nimmt. Sie weiß, dass er gewinnen wird. Deshalb wundert es sie nicht, als das Publikum in tosenden Beifall ausbricht. Und der Platzsprecher verkündet: „Für den Reiter mit der Nummer 19, Tom Schmidt, auf Komet null Fehlerpunkte. Die Siegerehrung findet in wenigen Minuten statt!"

„Du warst toll!", ruft Max.

„Ich habe verloren. Und nur das zählt! Herr Schmidt wird Komet verkaufen", schluchzt Vera.

„Ich glaube, das überlege ich mir noch mal!", ertönt Herrn Schmidts Stimme hinter ihr. „Es ist eine hervorragende Leistung, was du aus Wotan gemacht hast."

„Ich verstehe kein Wort", flüstert Vera.

„Hast du Lust, für meinen Reitverein Turniere zu reiten? Wenn du Komet mit nach Hause nimmst und er dort in einem Reitstall untergebracht wird, kannst du ihn jeden Tag trainieren", erklärt Herr Schmidt. „Ich übernehme alle Kosten. Und wir haben beide was davon."

Überglücklich strahlt Vera Herrn Schmidt an. Und Max flüstert ihr zu: „Jetzt glaube ich auch an Wunder!"

Ein geheimnisvoller Mann

Vanessa und Marvin machen mit ihren
Eltern Urlaub in einem Sporthotel im
Bayerischen Wald. Papa und Mama
wollen endlich mal etwas für ihre Ge-
sundheit tun. Sie joggen, klettern auf
Berge, plagen sich im Kraftraum, lassen
sich massieren und liegen stundenlang
in der Sauna oder im Whirlpool. Den
finden auch Vanessa und Marvin spitze.
Genauso wie den tollen Swimmingpool.
Von allem anderen haben sie schon nach
zwei Tagen die Nase voll.

Wenn sich Mama und Papa nach dem Frühstück „ein wenig bewegen" wollen, bleiben Vanessa und Marvin lieber im Hotel. Dort fällt ihnen ein Mann auf, der sich sehr eigenartig verhält. Bevor er das Zimmer verlässt, streckt er den Kopf heraus und schaut nach allen Seiten. Dann geht er schnell durch den Flur, fährt aber nicht mit dem Lift, sondern nimmt die Treppe. Dabei guckt er sich immer wieder um, als habe er Angst, jemand könnte ihn sehen. Im Erdgeschoss angekommen, schleicht er durch den Hinterausgang zum Parkplatz, wirft etwas in ein Auto und läuft davon.

„Mit dem stimmt doch etwas nicht", meint Vanessa.

„Ich glaube, der klaut", sagt Marvin.

Das wollen die beiden genau wissen. Sie nehmen sich vor, den geheimnisvollen Mann zu beobachten.

Nach dem Mittagessen legen sich Mama und Papa aufs Ohr.

Vanessa und Marvin legen sich auf die Lauer. Sie lassen die Zimmertür des Mannes nicht aus den Augen. Doch nichts rührt sich – bis die gegenüberliegende Tür sich langsam öffnet und der Kopf des Mannes erscheint. Wieder schleicht er wie ein Dieb aus dem Hotel.

„Der klaut", flüstert Marvin.

„Los, ihm nach!", sagt Vanessa. Und schon nehmen sie die Verfolgung auf. Der Mann schleicht wieder zum Auto.

Er schaut sich um, zieht den Bademantel
aus, wirft ihn ins Auto und trabt davon.
Jetzt fällt den Kindern erst auf, wie dick
der Mann ist. Er wählt den kürzesten
Weg in den nahen Wald. Vanessa und
Marvin bleiben ihm auf den Fersen. Der
Mann hechelt, keucht und prustet wie
ein Walross. Es dauert auch nicht lange,
bis er sich erschöpft auf eine Bank fallen
lässt.

Dort ruht er sich eine Weile aus, dann läuft er weiter. Nach einer halben Stunde Waldlauf biegt er wieder auf den Parkplatz ein, holt seinen Bademantel aus dem Auto und verschwindet schnell in seinem Zimmer.

„Komisch", sagt Vanessa. „Er hat sich mit keinem getroffen, er hat nichts versteckt und auch sonst nichts Verdächtiges getan – außer dass er zwei Zimmer benutzt. Ich glaube nicht, dass er klaut."

„Warum tut er dann immer so heimlich?", fragt Marvin.

Vanessa zieht die Schultern hoch.

Am nächsten Tag schleicht der Mann nicht aus dem Haus, sondern zur Sauna. Er guckt zu dem kleinen Fenster hinein und sieht, dass jemand drin ist. Da huscht er weiter zum Kraftraum, lauscht an der Tür und geht hinein.

Vanessa und Marvin folgen ihm auf

leisen Sohlen. Sie sehen, dass er auf
dem Rücken liegt und Gewichte hoch-
zieht. Die zwei wollen näher ran. Dabei
stößt Marvin gegen den Treter eines
Trimmrads.

Der Mann entdeckt die beiden, erschrickt und hält seinen Bademantel
schützend vor sich, als wäre er nackt.

„Was wollt ihr hier?"

„Wir … äh … wir …", stottert Marvin.

„Los, verschwindet!", ruft der Mann.

Die Kinder verziehen sich schnell. Draußen sagt Vanessa: „Jetzt weiß ich, warum er so komisch tut. Der schämt sich, weil er so dick ist."

„Meinst du?", fragt Marvin zweifelnd. „Und was hat er dann gestern in dem anderen Zimmer gemacht?"

Das wird beim Mittagessen klar. Da erzählt die Frau des Mannes einer Tischnachbarin: „Wenn wir in Urlaub fahren, nehmen wir immer zwei Einzelzimmer, weil mein Mann wie ein Wildschwein schnarcht."

Der dicke Mann muss sich auch sonst noch einiges anhören, was ihm ziemlich peinlich ist. Da tut er Vanessa und Marvin leid. Ein bisschen schämen sie sich sogar, weil sie ihn einen Dieb genannt haben.

Badewannenparty

„Und setzt mir nicht wieder das ganze Badezimmer unter Wasser!", sagt Frau Palm zu ihren beiden Söhnen.

Finn und Jan schütteln mit ernster Miene die Köpfe. „Wir doch nicht, Mama!", versichert Jan.

Kaum hat sich die Tür geschlossen, holt Finn eine Styroporplatte hinter dem Handtuchregal hervor. „Das sind unsere Eisschollen!", erklärt er und bricht das Styropor in zwei Stücke. Kleine weiße Kügelchen rieseln auf den Boden.

„Prima Idee!", lobt Jan und reiht ihre Plastik-Eiszeittiere auf dem Badewannenrand auf. Mammut, Nashorn, Rentier, Urpferd, Steppenbison, Höhlenbär, Höhlenlöwe, Wolf und ein Säbelzahntiger.

Schwuppdiwupp sitzen die Jungs in der Wanne. Zwischen ihnen treiben die beiden Styroporeisschollen auf dem Wasser.

„Also, das Ende der Eiszeit ist gekommen", erklärt Finn. „Das Eis schmilzt und das Wasser steigt!" Zur Verdeutlichung zwackt er einer Eisscholle ein Stück ab und wirft es achtlos über den Badewannenrand. „So! Jedes Tier will natürlich überleben!", fährt er fort.

„Also muss es um seinen Platz auf der Eisscholle kämpfen!", sagt Jan in düsterem Ton.

„Möge der Bessere gewinnen", gibt Finn das Startsignal.

Im gnadenlosen Kampf ums Überleben wird ein Tier nach dem anderen von den Eisschollen gestoßen und von den Wassermassen davongetragen. Schließlich stehen sich nur noch Jans Mammut und Finns Säbelzahntiger auf den beiden Eisschollen gegenüber.

„Okay", sagt Jan. „Ein Unentschieden kann es nicht geben! Nur einer kann siegen!"

„Wir sind bereit", entgegnet Finn. Mit
einer ruckartigen Handbewegung zieht
er dem Mammut die Eisscholle unter
den Füßen weg und schleudert sie gegen
die Wand. „Dein Mammut ist abgesoffen!"

„Von wegen, das kann nämlich
schwimmen!", ruft Jan lachend, fischt
das Mammut aus dem Wasser und
schleudert es auf die letzte Eisscholle.
Das Wasser spritzt gegen die Wände.
Der Säbelzahntiger treibt hilflos in der
Wanne herum. Für den Bruchteil einer
Sekunde schauen sich die Brüder feind-
selig an. Dann schnappt sich jeder sein

Eiszeittier und stürzt sich auf die Eisscholle. Wasser spritzt durch das Badezimmer und ergießt sich in breiten Strömen auf den Boden. Finn und Jan schubsen sich gegenseitig aus dem Weg.

„Gib auf!", keucht Jan.

„Träum weiter!", gurgelt Finn und spuckt Wasser.

Da fliegt die Tür auf. Entsetzt schaut Frau Palm auf das Schlachtfeld herab. „Ihr habt genau zwei Minuten, um aus diesem Chaos wieder ein Badezimmer zu machen!", sagt sie scharf und zieht die Tür wieder zu.

Jan und Finn blicken sich einen Moment zögernd an, dann betrachten sie die Eiszeittiere in ihren Händen.

„Okay. Unentschieden!", rufen sie im Chor.

Das Duell im Schlangental

Maskiert stürmt die Bande von Black Jack die Bank von Sunny City.

„Hände hoch! Das ist ein Überfall!" und „Das Gold her, aber ein bisschen dalli!", rufen die Banditen wild durcheinander.

„Ihr kommt zu spät!", sagt der Kassierer von Sunny City gelassen. „Wir wurden heute schon ausgeraubt!"

„WAS?", schreit Black Jack zornig.

„Unser Safe ist leer!", erklärt der Kassierer noch einmal. „Schau doch selbst!"

Tatsächlich: Der Banksafe ist ratzekahl leer, nicht ein müder Penny ist mehr drin!

„Wer wagt es, mein Geld zu stehlen?!", schreit Jack außer sich vor Wut.

„Mit Verlaub, *unser* Geld ist gestohlen worden. Deins bestimmt nicht!", unterbricht ihn der Kassierer.

„Papperlapapp!", schimpft Jack und zieht mit seiner Bande beleidigt ab.

Es dauert nicht lange, bis die Leute
von Black Jack ihre Rivalen aufgestöbert
haben: Eine neue Bande hat sich in den
Blauen Bergen eingenistet.

Black Jack greift höchstpersönlich zu
Papier und Tinte und lässt durch einen
Boten seinen Brief zustellen:

> Sehr geehrte Herren Banditen,
> wir sind schon länger als ihr
> in der Gegend: Also verduftet
> heute noch, wenn ihr keinen
> Ärger wollt! Anderenfalls fordere
> ich euren Anführer zum Duell.
> Bei Sonnenaufgang im Schlangental.
> Wer gewinnt, darf mit seiner Bande
> bleiben!
> Gezeichnet
> Black Jack, der mit dem
> schnellsten Colt

Als Black Jack bei Sonnenaufgang
mit seinen Leuten ins Schlangental
kommt, wird er schon erwartet.

„Die Lady hat hier nichts zu suchen!",
brüllt Black Jack sauer.

„Und ob ich hier was zu suchen habe!
Ich bin Betty Bone und das hier ist meine
Bande!", johlt Betty. „Von mir aus kann
das Duell beginnen!"

„Dann los!", ruft Jack lachend. *Peng!*
Schon hat Betty ihm seinen Colt aus
der Hand geschossen. *Peng!* Mit einer
zweiten Kugel fegt Betty Jack seinen
schwarzen Cowboyhut vom Kopf. Dann
feuert sie auf seine Stiefel, dass Jack
hüpft wie ein verrücktes Känguru. *Peng,
peng, peng!*

„Musik!", ruft Betty. Und schon bläst einer auf der Mundharmonika und Bettys Bande grölt: „Old MacDonald had a farm." Der arme Jack muss dazu tanzen und wenn er nicht hoch genug springt, hilft Betty mit einer Kugel nach.

„Okay, du hast gewonnen!", keucht Jack. „Wir ziehen heute noch ab!"

„Jippieh!", rufen Betty und ihre Banditen. Ausgelassen winken sie der Bande von Black Jack hinterher. Denen haben sie es aber gezeigt!

„Old MacDonald had a farm" wird ab sofort Bettys Banden-Hymne. Aber immer, wenn Black Jack das Lied zufällig irgendwo hört, bekommt er einen Wutanfall, gegen den selbst ein Tornado harmlos ist!

Falsche Diebe

Jana, Basti und Babette stöhnen. Ihre Reitlehrerin Doro hat gekündigt. Und die neue Reitlehrerin Frau Müller ist immer genervt und ungeduldig.

„Nie erklärt sie uns, was wir machen sollen!", schimpft Basti.

„Mit Doro hat alles viel mehr Spaß gemacht", stimmt Babette zu.

„Vielleicht gibt Frau Müller ja bald auf!", sagt Basti und grinst die Mädchen an.

„Wie meinst du das?", fragen die beiden.

„Das verrate ich nicht", erwidert Basti und macht sich davon, sein Pferd zu satteln.

Es wird wieder eine schreckliche Reitstunde. Zu Basti sagt Frau Müller, er säße auf dem Pferd wie ein schlapper Sack. Zu Jana meint sie, sie solle doch besser Boxen lernen. Da wäre kein Feingefühl gefragt. Und zu Babette sagt sie gar nichts. Da hält sie sich nur stöhnend die Augen zu.

Die Kinder sind froh, als die Reitstunde endlich vorüber ist. Sie striegeln die Pferde.

Plötzlich ertönt ein Schrei. Frau Müller rauscht herbei. „Mein Geldbeutel ist gestohlen worden!", kreischt sie.

„Na, so was!", sagt Basti und kann sich ein Grinsen kaum verkneifen.

„Basti, hast du Frau Müllers Geld geklaut?", flüstert Jana erschrocken.

Basti schüttelt den Kopf. „Nein, das würde ich nie tun. Aber ich glaube, ihr ist vorhin etwas aus der Tasche gefallen … Kann sein, dass ich dabei ein bisschen nachgeholfen habe. Aber ich habe es nicht genommen." Er grinst wieder und zeigt zum Misthaufen.

Jana und Babette folgen seiner ausgestreckten Hand. Und wirklich, da schimmert etwas Rotes. Frau Müllers Geldbeutel!

In dem Moment ertönt ein noch schrecklicheres Geschrei.

„Bandit ist weg!", brüllt Frau Müller. Bandit ist ein teures Springpferd. „Gerade hab ich ihn hier angebunden. Und jetzt ist er verschwunden. Was geht hier vor?", ruft sie.

Jana und Babette starren Basti entsetzt an.

„Hey, spinnt ihr?", verteidigt er sich. „Damit habe ich nun wirklich nichts zu tun!"

„Ich werde den Stallbesitzer informieren!",
ruft Frau Müller.

Da hören die Kinder Hufgetrappel.

„Da ist ja Bandit!", sagt Jana.

„Und schaut mal, wer ihn führt! Doro!",
freut sich Babette.

„Was erlauben Sie sich!", schnaubt
Frau Müller.

Doro lächelt. „Ich heiße Doro und habe hier als Reitlehrerin gearbeitet. Ich wollte meinen Freunden mal wieder einen Besuch abstatten. Und was sehe ich? Bandit läuft frei auf dem Hof. Ich schätze mal, einer der drei Kandidaten hat ihn nicht ordentlich angebunden!" Sie schaut zu Jana, Basti und Babette.

„Wir wissen doch, dass er immer gern abhaut. Uns würde so etwas nicht passieren!", erklärt Basti und starrt Frau Müller an.

Die schaut trotzig in die Runde. „Ich glaube doch, dass hier etwas nicht mit rechten Dingen zugeht. Oder habe ich meinen Geldbeutel vielleicht auch falsch angebunden?", fragt sie Doro.

„Ist Ihr Geldbeutel rot?", erkundigt sich Jana.

„Ja! Woher weißt du denn das?", bohrt Frau Müller misstrauisch nach.

„Weil da drüben im Misthaufen etwas Rotes schimmert!", erklärt Babette.

Frau Müller sieht zum Misthaufen.
Dann läuft sie genauso rot an. „Das ist
ja ein schrecklicher Laden hier", sagt sie
empört. „Keinen Tag länger bleibe ich!"
  „Juhu!", jubeln die Kinder.

Doro schüttelt den Kopf. „Das war aber nicht nett von euch!", tadelt sie.

„Sie war auch nicht nett zu uns!", erklärt Basti.

„Kommst du denn jetzt wieder zurück, Doro?", fragt Jana.

„Mal sehen", antwortet Doro, „solange ich meinen Geldbeutel nicht im Misthaufen finde …"

„Bestimmt nicht!", versichern ihr Basti, Babette und Jana und strahlen sie an.

Tinka und Tiger

Tinka war ein besonders neugieriges Kätzchen. Vom ersten Tag an war sie lebhafter als ihre vier Geschwister. Den ganzen Tag schaute sie aus der kleinen Baumhöhle sehnsüchtig auf den großen Park. Dort war so viel los. Wie gerne wäre sie auf Erkundungsreise gegangen.

Aber Mama hatte ihren Kindern streng verboten, die Höhle zu verlassen: „Wir leben in einem Zoo. Und da ist es für Katzenkinder ganz besonders gefährlich."

Zu gerne hätte Tinka gewusst, was denn ein Zoo ist. Aber Mama sagte immer nur: „Das wirst du noch früh genug lernen, mein Kätzchen."

Heute war Tinka ganz besonders unruhig. Den halben Nachmittag war Mama nun schon auf Futtersuche. Draußen im Park liefen viele Menschen; sie lachten und die kleinen Menschenkinder hüpften fröhlich über die Wiese.

Da hielt es Tinka nicht länger. Zum ersten Mal in ihrem Leben wagte sie sich aus der Höhle.

Draußen war es ungeheuer interessant. Die Menschenkinder wurden immer ganz aufgeregt, wenn sie Tinka sahen, und rannten ihr nach. Aber sie war vorsichtig. Als ihr ein kleiner Junge zu nahe kam, schlüpfte sie schnell zwischen zwei Gitterstäben hindurch.

Plötzlich hörte sie hinter sich ein tiefes Knurren: „Was haben wir denn da?"

Tinka fuhr herum. Ein großes graues Tier stand vor ihr und leckte sich die Schnauze. „Endlich bringen sie uns Wölfen mal richtiges Futter." Knurrend kam der Wolf näher.

Tinka packte die Angst. Blitzschnell schlüpfte sie zwischen den Gitterstäben hindurch und rannte los, so schnell sie konnte. Als Tinka endlich wieder zur Ruhe kam, erschrak sie erneut. Wo war sie? Diese niedrigen Häuschen und dahinter die Rasenfläche mit den Bänken darauf

hatte sie noch nie gesehen. Sie hatte sich verlaufen.

Tinka suchte überall nach Mamas Höhle, doch sie konnte sie nicht finden. Bald wurde es Abend. Die Menschen verließen den Zoo und es wurde still.

Tinka war hungrig und müde. Da sah sie hinter einer Mauer einen Baum, der ihr vertraut vorkam. War in seinem Stamm nicht Mamas Höhle versteckt? Tinka hatte es eilig. Sie sprang auf die Mauer, hüpfte auf der anderen Seite hinab – und landete mitten in einem Wassergraben. Tinka schlug mit allen vier Pfoten um sich, japste und jaulte und ging unter. „Mama!", rief sie. Sie hatte schreckliche Angst zu ertrinken.

Plötzlich packte sie etwas am Genick und zog sie aus dem Wasser. Sanft wurde sie auf dem Trockenen abgesetzt. Sie schüttelte sich und blickte dann erstaunt in das Gesicht einer riesengroßen Katze, viel größer als Mama.

„Ich bin Tiger und wer bist du?", fragte
die große Katze. Ihre tiefe Stimme kitzelte
in Tinkas Bauch.

Tinka stellte sich vor und berichtete
über ihre abenteuerliche Reise durch
den Zoo.

Tiger lachte und schlug vor: „Du kannst
morgen weiterziehen. Ich glaube, ich
weiß, wo du hinwillst. Aber heute ist es
schon zu spät. Es wird gleich dunkel.
Komm erst mal mit zu meinem Futternapf!
Da hauen wir uns ordentlich den Ranzen
voll. Schlafen kannst du ruhig bei mir."

Tinka fraß, bis sie nicht mehr konnte, dann merkte sie, wie müde sie war, und ehe sie sich's versah, war sie eingeschlafen.

Als am nächsten Morgen der Zoo öffnete, staunten die Besucher nicht schlecht. Schließlich kommt es nicht alle Tage vor, dass eine Katze und ein Tiger eng aneinandergekuschelt in einem Gehege schlafen.

Bärengeburtstag

Timmi nörgelt und weint, als er ins Bett gebracht wird. „Ich will auch Geburtstag haben", mault er. „Warum nur Beate? Ich will auch."

„Du hast im Juli Geburtstag", sagt die Mutter. „Und jetzt ist April."

Beate steht an der Tür und schaut zu, wie ihre Mutter versucht, Timmi zu beruhigen. Er kapiert es einfach nicht. Beate ist heute großzügig und mitfühlend. Ihre Gäste sind gerade weggegangen. Es ist ein schöner Tag gewesen.

Beate geht in ihr Zimmer. Im Bett fällt ihr wieder ein, wie traurig Timmi war.

Am nächsten Tag verlangt sie von ihrer
Mutter eine Spende. „Für Timmis Seelen-
leben", sagt sie und ihre Mutter wirft ihr
einen seltsamen Blick zu.

Nach der Schule kauft Beate Gummibärchen und eine Blechtrompete. Dann
geht sie nach Hause und wickelt die
Sachen in buntes Geschenkpapier, bevor
sie ihre Freundin Susi anruft. „Und vergiss
Kalla nicht", sagt sie noch und legt auf.

Um drei Uhr kocht Beate Kakao und
deckt den Tisch in Timmis Zimmer. Für
fünf Personen. Auf einen Teller legt
sie die beiden Päckchen. Auf Timmis
neugierige Fragen antwortet sie nicht.

„So", sagt sie zu Timmi, als es klingelt.
„Mach die Tür auf."

Das tut er. Beate setzt inzwischen
Wampus, Timmis Teddy, auf den Ehren-
platz. Timmi kommt mit Susi herein, die
ihren Teddy Kalla unter den Arm ge-
klemmt hat. Sie setzt ihn auf den Stuhl
neben Wampus.

„Herzlichen Glückwunsch zum Geburtstag", sagt Susi und schüttelt Wampus
die Pfote. „Hier, ich habe dir auch was
mitgebracht." Sie legt ein Päckchen
neben den Teller.

Timmi schaut Susi und Beate mit
großen Augen an. Dann versteht er und
fängt an zu lachen. „Wampus", schreit er.
„Wampus hat auch im April Geburtstag.
Ich erst im Juli." Glücklich packt er die
Päckchen aus.

In Susis Päckchen sind ein paar einzelne Filzschreiber. Was macht es schon, dass einige schon ausgetrocknet sind? Beate hat Wampus eine Trompete geschenkt. Aus Blech. Timmi lutscht zwei Gummibärchen ab und pappt Wampus und Kalla je eines zwischen die Lippen.

„Das war eine Schnapsidee", sagt der Vater abends, als Timmi schon im Bett liegt.

Und die Mutter sagt: „Timmis Seele geht es ganz gut, aber mir ist heute fast das Trommelfell geplatzt."

Der alte Zottel

Moritz lebt auf einem Bauernhof. Hier
hat er eine Menge Tiere um sich: Hühner,
Kühe, Schweine, Pferde … Er hat sie
alle gern. Selbst die frechen Sperlinge.

Aber am liebsten ist ihm Zottel. Das
ist der Hofhund und sein bester Freund.
Schon als Baby hat Moritz sich an Zottels
Fell geklammert und sich an ihm hoch-
gezogen. Mit Zottels Hilfe hat er laufen
gelernt. Tag und Nacht hat der Hund
den Jungen beschützt.

All die Jahre haben sie zusammen
gespielt. Sie sind über Wiesen und
Felder gerannt. Im Dorfteich hat Zottel
Moritz das Schwimmen beigebracht. Und
wenn jemand dem Jungen etwas Böses
tun wollte, hat der große Hund warnend
geknurrt.

Jeden Morgen bürstet Moritz Zottel das
lange Fell. Die beiden drücken die Köpfe
aneinander und der Junge flüstert dem

Hund ins Ohr: „Zottel, du bist mein Bester. Ich habe dich lieb." Da streckt sich der Hund und schnurrt wie ein Kätzchen.

Nach dem Schmusen will Moritz spielen. Er wirft einen Stock zum Hoftor hinaus und ruft: „Bring, Zottel!"

Aber Zottel bleibt vor seiner Hütte liegen. Er lässt sich von der Sonne wärmen. Sein Kopf ruht auf den Vorderpfoten, seine Augen blinzeln müde.

„Keine Lust?", fragt Moritz. „Komm, dann gehen wir spazieren."

Zottel steht mühsam auf. Langsam trottet er dem Jungen hinterher. Als Moritz rennt, bleibt der Hund zurück. Obwohl es heiß ist, will Zottel nicht im Dorfteich schwimmen. Und beim Fußballspiel liegt er faul im Tor und lässt jeden Schuss hinein. Schließlich geht Moritz wütend nach Hause.

„Null zu zehn verloren, durch deine Schuld, Zottel!"

Der Hund legt sich vor seine Hütte. Und ist sofort eingeschlafen. Moritz ist enttäuscht. In letzter Zeit ist Zottel kaum noch von seiner Hütte wegzubringen. Mit ihm ist nichts mehr anzufangen. Er will nur noch in der Sonne faulenzen.

Am nächsten Morgen ruft Moritz: „Komm, Zottel! Heute werden wir das Fußballspiel gewinnen!"

Aber Zottel will seinen Sonnenplatz nicht verlassen, so viel Moritz auch bittet und schimpft, der Hund schaut ihn nur mit traurigen Augen an.

„Ein schöner Freund bist du!" Moritz rennt allein vom Hof. Den ganzen Tag ist er im Dorf unterwegs. Er spielt mit seinen Freunden Fußball. Sie fahren in einer Badewanne über den Teich. Am Waldrand beobachten sie ein Habicht-pärchen. Und vor Bertrams Laden essen sie Fruchteis.

Aber was der Junge auch tut, bei allem fehlt ihm Zottel. Als Moritz zum Bauernhof zurückkehrt, wartet Zottel vor dem Tor. Schwanzwedelnd begrüßt er den Jungen. Aber Moritz geht an Zottel vorbei, als würde er ihn nicht kennen. Da zieht der Hund den Schwanz ein, verkriecht sich in seiner Hütte und heult leise.

Nun kommen auch Moritz die Tränen. Aber er denkt: Strafe muss sein. Warum auch lässt sein Freund ihn den ganzen Tag allein.

Beim Abendbrot fragt Vater: „Was ist denn mit dir und Zottel? Streit gehabt?"

„Ich weiß nicht", antwortet Moritz.

„Zottel ist nicht mehr mein Zottel. Er will nicht mehr mit mir spielen. Er will nur noch vor seiner Hütte liegen."

„Zottel ist alt!", sagt der Vater. „Da kann er nicht mehr so herumtollen. Er braucht jetzt viel Ruhe. Gib ihm zurück, was du von ihm bekommen hast."

„Liebe", sagt Mama. „Zottel war immer für dich da."

Am Morgen bürstet Moritz Zottel besonders lange das Fell. Die beiden drücken ihre Köpfe aneinander. Und Moritz sagt: „Zottel, mein Alter. Du weißt doch, dass ich dich sehr lieb habe. Du bist und bleibst mein Freund."

Zottel wedelt mit dem Schwanz und leckt dem Jungen die Hand. Und dann gehen die beiden ins Dorf. Während Moritz mit seinen Freunden herumtollt, liegt Zottel in der Nähe und passt auf. In den Spielpausen legt Moritz sich zu Zottel. Und sie brummen, dass es ihnen wohlig warm wird.

Der Brief

Felix mag Sara. Aber Sara mag Felix
nicht. Oder warum beachtet sie ihn nie?
Jedenfalls nicht so, wie Felix das gern
hätte.

Felix glaubt, das liegt an Saras Freundin
Luisa, die immer an Sara dranklebt wie
eine Klette. Egal, ob er Sara in der Eis-
diele trifft oder im Schwimmbad – Luisa
ist immer mit dabei! Sobald Felix auf-
taucht, flüstert Sara Luisa etwas ins
Ohr und dann prustet sie los.

Felix möchte Sara sagen, dass er sie
nett findet. Doch er weiß nicht, wie er das
anstellen soll. In der Schule? Unmöglich!
Da sitzt ja Luisa neben ihr. Er könnte Sara
anrufen. Und dann vor lauter Aufregung
keinen Ton herausbringen? Nein, keine
gute Idee. Bleibt noch … Genau! Felix
wird Sara einen Brief schreiben. Den
steckt er ihr dann zu Hause in den Brief-
kasten. Saras Adresse steht auf der

Klassenliste und die hängt in der Küche an der Pinnwand.

Felix macht sich an die Arbeit. Aber wie fängt man einen Brief an ein Mädchen an? Mamas Briefe fangen immer mit „Sehr geehrte Frau" an. Aber das klingt komisch: „Sehr geehrte Frau Sara". Nein, besser: „Liebe Sara". Doch so schreibt Felix immer die Postkarten an Oma: „Liebe Oma Ilse".

Hallo! Ja, genau das ist es. „Hallo Sara", so muss der Brief anfangen. Und dann geht es auf einmal wie geschmiert. Felix schreibt:

Felix liest alles noch einmal durch.
Das Wichtigste fehlt. Er fügt hinzu:
„PS: Bitte komm ohne Luisa. Danke."
Felix klebt den Umschlag zu. Dann
wirft er den Brief ein.
Als er das dumpfe Plumpsen im Brief-
kasten hört, wird ihm ein bisschen flau.
Was hat er sich bloß dabei gedacht?
Was ist, wenn Sara den Brief Luisa zeigt
und die beiden sich dann über ihn kaputt-
lachen? Oder noch schlimmer – wenn
sie den Brief in der Klasse herumzeigen?
Felix' Herz klopft schneller als beim
Fußballtraining.

Am nächsten Morgen möchte Felix am
liebsten gar nicht in die Schule gehen.
„Ich glaube, ich habe Fieber", sagt er.
Da rückt Mama mit dem Fieber-
thermometer an und merkt schnell, dass
ihm nichts fehlt. Die hat ja keine Ahnung!
Als Felix im Pausenhof auf Sara trifft,
hüpft ihm beinahe das Herz heraus, so
heftig klopft es. Und Sara? Die flüstert
Luisa etwas ins Ohr – und kichert los. Na
toll! Was hat er sich da nur ausgedacht!
Felix hat den ganzen Tag überhaupt
keinen Hunger. Und beim Fußball am
Nachmittag verschießt er einen Elfmeter.

Der nächste Tag ist der Mittwoch. Auch heute wartet Felix auf eine Antwort von Sara. Aber nichts tut sich! Hat Sara den Brief überhaupt bekommen?

Felix beschließt, trotzdem zum verabredeten Treffpunkt zu gehen.

Noch nie ist ihm der Weg zum Zoo so kurz vorgekommen. Er geht an den Flamingos und Kamelen vorbei direkt zum Affenhaus und versteckt sich hinter einem dicken Baumstamm.

Ob sie wohl kommen wird? Felix schaut auf die Uhr. Es ist genau fünf.

Felix hält es kaum noch aus. Sein Herz klopft laut. Da tippt ihm jemand von hinten auf die Schulter. Felix erschrickt und dreht sich hastig um. Es ist Sara!

„Wieso versteckst du dich hinter dem Baum? Hast du Angst vor den Affen?", fragt sie lächelnd.

„Nein", sagt Felix und staunt. Sara ist wirklich allein gekommen! „Jetzt habe ich vor nichts mehr Angst!", strahlt er.

Der Wettkampf der Regen- und Windhexen

Der Himmel sah aus wie ein alter Putz-
lappen: grau, zerrissen, fleckig, trüb.
Regen trommelte aus feisten Wolken auf
die Erde hinab. Der Wind kreischte wie
eine wild gewordene Dampflok. Keine
Frage: Die Wind- und die Regenhexen
lieferten sich mal wieder ein Duell da oben.

Die Sonne, verdeckt und verdrossen im
stürmischen Gebräu, runzelte die Stirn.
Diese alten Streithähne! Immer dieser
Kampf, wer nun besser ist – der Klub der
Regenhexen oder der Klub der Wind-
hexen. Und die Sonne musste auch noch
Schiedsrichter spielen.

„Hähä, jetzt kommt unser Meisterstück!",
pfiffen die Windhexen namens Orkana,
Windy und Tosi. Sie bliesen die Backen
auf. Die Hexen pumpten so viel Luft in sich
hinein, dass sie zu platzen drohten. Auf
Kommando ließen sie die Luft wieder ab:

Ein ungeheurer Sturm brauste los, von
Nord nach Süd. Alles, was nicht niet- und
nagelfest war, wurde einfach weggefegt.
Der Sturm war so stark, dass sogar alle
Sonnenstrahlen nach Süden zeigten.

„Sehr beeindruckend", seufzte die Sonne und richtete ihre zerzauste Strahlenfrisur.

„Das ist doch gar nichts!", sprudelten die Regenhexen namens Pladder, Pfütze und Platsch. Sie steckten die Köpfe zusammen und begannen ganz fürchterlich zu heulen. Ihre Tränen verwandelten sich zu einem unglaublichen Gewitter-Grusel-Riesen-Regen, der auf die Erde donnerte. Es goss wie aus Kübeln!

Aus Rinnsalen wurden Bäche, aus
Bächen Flüsse, aus Flüssen Ströme.
Die Wasserläufe traten über die Ufer
und fraßen sich ins Land. Die Meere
nagten an den Küsten und überfluteten
die Strände. Und die Fische zeigten
dem Himmel einen Vogel.

„Großartig", gähnte die Sonne.

Sie langweilte sich ziemlich. Das
hatte sie alles schon so oft gesehen.
Niemals würde es einen Sieger zwischen
den Regen- und den Windhexen geben.
Beide waren auf ihre Art einmalig und
unübertroffen.

„Stopp!", rief die Sonne plötzlich, weil sie eine Idee hatte. Sie strahlte: „Alle mal herhören."

Die beiden Hexen-Klubs hielten inne. Sofort beruhigte sich der Himmel. Der Regen hörte auf. Der Sturm legte sich. Einzelne Sonnenstrahlen tasteten sich

vorsichtig durch das Grau, lugten zaghaft hinter Wolkenbänken hervor.

„Ihr Wind- und Regenhexen seid eigentlich ein gutes Team. Ihr solltet zusammenhalten", meinte die Sonne versöhnlich.

„Wir und diese Heulsusen in einem Team? Niemals!", brüllten die Windhexen.

„Mit diesen Windbeuteln? Völlig ausgeschlossen!", keiften die Regenhexen.

„Ruhe, zum Donnerwetter!", rief die Sonne. „Gemeinsam seid ihr stark! Überlegt doch mal: Ihr Regenhexen kommt nur durch den Wind in der weiten Welt herum. Sonst würdet ihr immer nur auf ein und dieselbe Stelle regnen. Wie öde! Ähnlich ist es mit euch Windhexen. Wenn es regnet, sieht man eure Arbeit viel besser – an den Regentropfen. Ob sie senkrecht fallen oder waagerecht. Also, schließt euch zusammen und zeigt allen, was ihr könnt!"

Das leuchtete den Wetterhexen ein. Sie schüttelten sich die Hände und freundeten sich allmählich an. Dann beschlossen sie, erst einmal gemeinsam Urlaub zu machen vom schlechten Wetter. Denn Wettermachen ist anstrengend. Auch die Sonne war erschöpft.

Sie streifte ihren feuerroten Schlafanzug über. Mit einem vom Wind zerzausten Regenbogen zog sie sich zurück. In ihr Zimmer auf Wolke sieben.

Den Wind und den Regen aber, die sieht man seitdem sehr oft zusammen.

Der Namenlose Ritter

Wenn König Wilfred der Wohlriechende zu einem Turnier einlud, dann strömten die besten Ritter des Landes zusammen. Denn der Siegespreis war immer ein Kuss der schönen Königstochter Eleonore.

König Wilfred veranstaltete sehr viele Turniere und Eleonore musste sehr viele siegreiche Ritter küssen. Eines schönen Tages wurde ihr das zu bunt.

„Diese Ritter sind genauso hohl wie ihre Rüstungen", sagte sie zu ihrem Vater. „Sie stinken nach Rost und Schweiß und haben nichts im Kopf als ihre Schwerter und ihre Wappen. Schluss! Ich werde nie wieder einen dieser Blechköpfe küssen!"

Darüber war König Wilfred so sehr verärgert, dass er Eleonore drei Tage in den kalten Burgturm sperren ließ, zu den Ratten und Fledermäusen. Aber die Prinzessin war nicht nur schön, sondern auch sehr klug, und so nutzte sie die Zeit, um eine List zu ersinnen …

Zum nächsten Turnier ging sie brav wieder mit. Aber während der König den Rittern Eleonores Schönheit pries und dem Sieger einen Kuss von ihr versprach,

tauschte die Prinzessin den Platz mit ihrer Zofe und verschwand hinter der festlich geschmückten Tribüne. Der König merkte nichts. Die Zofe trug ein Kleid seiner Tochter und vor dem Gesicht einen dichten Schleier, was sollte er da merken?

Eleonore hatte alles sorgfältig vorbereitet. Sie zog die silberne Rüstung an, die sie im Gebüsch versteckt hatte, schnallte sich ein Schwert um, ergriff eine Lanze und stieg auf den prächtigsten Schimmel aus dem Stall des Königs. Dann schloss sie das Visier und galoppierte auf den Turnierplatz. Vor dem Thron ihres Vaters zügelte sie ihr Pferd und senkte die Lanze.

„Ich bin der Namenlose Ritter!", verkündete sie mit verstellter Stimme. „Und ich werde jeden Ritter in den Staub werfen, der es wagt, sich mit mir zu messen."

Wilfred der Wohlriechende war verblüfft.

„Wohlan, edler Ritter", sagte er. „Dann lasst den Kampf beginnen."

Die Trompeten erklangen und Sigurd von Donnerbalk, gefürchtet auf allen Turnierplätzen, ritt in die Schranken. Mit donnerndem Galopp stürmte er auf den Namenlosen Ritter zu. Aber als Sigurd

noch genau einen Pferdesprung entfernt
war, hängte sich der Namenlose Ritter
blitzschnell auf die Seite seines Pferdes,
Sigurds Lanze stieß ins Leere und Sigurd
von Donnerbalk flog über den Hals
seines Pferdes in den Staub.

Nummer eins.

Auf den Rängen herrschte erstauntes
Schweigen. Dann brach der Jubel los.
Der Namenlose Ritter ritt an den Anfang
der Schranke zurück und wartete auf
den nächsten Gegner.

Das war Hartmann von Hirsingen. Ihm
erging es nicht besser als seinem Vor-
gänger. Der Namenlose Ritter stieß ihn
kurzerhand mit dem Fuß aus dem Sattel.

Nummer zwei.

Es folgten Heinrich von Hirsekorn,
Götz von Gruselstein und Neidhart von
Fieslingen. Sie landeten alle im Staub.
Der Rest der edlen Ritterschaft weigerte
sich daraufhin, zum Kampf anzutreten.
Der König erklärte den Namenlosen
Ritter zum Turniersieger.

„Ich danke Euch, Majestät!", sagte der Ritter mit einer Verbeugung. „Und nun wird es Zeit für mich heimzureiten."

„Aber Euer Preis!", rief der König. „Vergesst nicht Euren Preis. Den Kuss von meiner schönen Tochter!"

„Lieber nicht", sagte der Namenlose Ritter. „Ein Kuss von Euch wäre mir lieber."

„Was?", stammelte der König. „Ähm, wie?"

Da nahm der Namenlose Ritter seinen Helm ab.

„Guten Tag, Vater", sagte die schöne Eleonore. Sie beugte sich vom Pferd herab und gab dem König einen dicken Kuss auf die Nase.

Der war zum allerersten Mal in seinem königlichen Leben vollkommen sprachlos.

„Und nun zu euch, ihr Blechköpfe", sagte die Prinzessin und wandte sich den geschlagenen Rittern zu.

Schief und krumm, mit schmerzenden Gliedern saßen sie auf ihren Pferden und verbargen ihre schamroten Gesichter hinter den geschlossenen Visieren.

„Von heute an gilt, wer Eleonore küssen will, muss erst mit dem Namenlosen Ritter kämpfen. Habt ihr das verstanden, ihr Blechköpfe?", fragte die Prinzessin.

Keiner der Ritter gab Antwort. Wütend rissen sie ihre Pferde herum und galoppierten vom Turnierplatz, verfolgt vom Gelächter der Zuschauer.

Kein Ritter wollte je wieder mit dem Namenlosen kämpfen. Eleonore musste nie wieder einen Blechkopf küssen. Sie heiratete den Rosengärtner ihres Vaters und wurde sehr glücklich.

Pony in Gefahr

„Du sollst stillhalten, Balu!", schimpft
Svenja. Immer wenn sie ihrem Pony das
Halfter anlegen will, zieht das Tier den
Kopf beiseite.

Svenja könnte sich schwarzärgern.
Dass Balu sich immer so störrisch
anstellen muss!

Irgendwann schafft Svenja es doch.
Sie öffnet das Gatter und führt Balu von
der Weide. Sie will das Pony in den Stall
bringen. Der Stall ist ganz in der Nähe.
Svenja muss mit Balu nur ein Stück
die Straße entlang.

Auf einmal kommt ein Traktor von einem Hof gefahren. Durch den Lärm gerät Balu in Panik. Er fängt an zu scheuen.

Der Traktor fährt in die andere Richtung. Svenja kann das aufgeregte Tier nicht mehr halten. Es strauchelt und stürzt in den Wassergraben.

Balu kommt sofort auf die Beine und versucht, aus dem Graben zu klettern. Je mehr er sich bemüht, umso tiefer sackt er ein.

Svenja hat panische Angst um ihr Pony. Mit Tränen in den Augen beobachtet sie das Geschehen. Dann eilt sie Balu zu Hilfe. Mit viel Glück kommt sie an den Zügel heran. Verzweifelt zieht sie an dem Riemen. Balu unterstützt Svenja aus Leibeskräften, doch das Pony kommt keinen Millimeter von der Stelle.

Svenja kann nicht mehr. „Ich hole Hilfe!", schluchzt sie. „Ich bin gleich wieder da!"

Svenja rennt nach Hause. Nur ihre Großmutter ist da. Völlig außer Atem erzählt Svenja, was mit Balu passiert ist.

„Das ist ja schrecklich!", meint ihre Großmutter und eilt sofort mit Svenja zu dem verunglückten Pony.

Gemeinsam versuchen sie, Balu aus dem Morast zu ziehen. Weil sie dann aber Angst bekommen, das Pony am Maul zu verletzen, überlegen sie sich, wie sie Balu besser helfen können.

„Bleib du hier und beruhige Balu!", sagt Svenjas Großmutter. „Ich rufe die Feuerwehr!"

Schluchzend redet Svenja auf ihr Pony ein. „Wenn du erst einmal draußen bist, kriegst du so viele Karotten, wie du willst!", verspricht sie ihm.

Wenig später kehrt ihre Großmutter zurück. „Die Feuerwehr ist schon unterwegs", sagt sie.

„Bald bist du wieder frei!", spricht Svenja ihrem Pony Mut zu.

Minuten später trifft die Feuerwehr ein. Die Feuerwehrmänner nehmen einen Wasserschlauch aus dem einen Fahrzeug und legen ihn Balu um das Hinterteil.

„Warum tun Sie das?", fragt Svenja verständnislos einen der Feuerwehrmänner.

„Das ist ein alter Feuerwehrtrick", erklärt dieser.

Damit Balu nach dem Rettungsversuch nicht vor lauter Aufregung davonläuft, hält ihn einer der Feuerwehrmänner am Zügel fest.

Auf ein Kommando beginnen die Feuerwehrmänner, an beiden Enden des Wasserschlauches kräftig zu ziehen. Balu hilft ihnen, so gut er kann. Stück für Stück kommt Svenjas Pony frei. Dann haben sie es geschafft und Balu klettert aus dem Graben.

Der Feuerwehrmann hält Balu fest am Zügel und tätschelt ihm den Hals. „Ja, das hast du ganz prima gemacht!", beruhigt er das aufgeregte Tier.

„Danke!", sagt Svenja freudestrahlend, als ihr der Mann den Zügel überreicht. Zärtlich fährt sie Balu über die Nüstern und sagt leise zu ihm: „Nach diesem Schreck hast du dir eine Handvoll Karotten verdient!"

Ein Hamster fährt Eisenbahn

Niklas ist der coolste Junge in der dritten Klasse. Er kaut die ganze Zeit Kaugummi. Er trägt eine Baseball-Kappe. Er nennt sich Nick, weil das mehr fetzt. Und er ist sogar schon mal in der Diesellok mitgefahren. Jetzt will er Lokführer werden, wenn er groß ist. Klar.

„Das ist ein richtiger Beruf für Männer", sagt er zu seinem Freund Tim. „Nichts für Mädchen. Schließlich hat das was mit Technik zu tun. Davon verstehen die nichts."

Das hat Nick mal im Fernsehen gehört und es hat ihm gefallen.

Tim wiegt nachdenklich den Kopf hin und her. „Ich weiß nicht. Die Julia aus der 3b hat sogar eine eigene Modelleisenbahn."

„Na und, was soll das schon heißen?", tut Nick die Sache ab. Aber er beißt sich doch nachdenklich auf die Lippen. So eine elektrische Eisenbahn hätte er auch wahnsinnig gern. Seit Monaten spart er jeden Cent. Mist, dass Julia ein Mädchen ist. Sonst könnte er sie mal besuchen. Sie wohnt nur zwei Häuser weiter als er.

Beim Pausenverkauf steht Nick zufällig direkt hinter Julia.

„Stell dir vor", sagt sie zu ihrer Freundin, „mein Hamster ist jetzt Lokführer in meiner Eisenbahn. Der macht das echt gut. Krass, was?"

Und Nick, der einmal Lokführer werden will, überlegt nicht mehr lange und platzt heraus: „Wirklich? Darf ich das mal sehen?"

Julia dreht sich erstaunt um und mustert ihn von oben bis unten. „Das ist ja Nick, der Coole", sagt sie grinsend. „Und du willst meinen Hamster in der Eisenbahn sehen? Meinetwegen, wenn du willst, komm heute Nachmittag vorbei."

Und Nick besucht Julia tatsächlich.
Die Eisenbahn fährt ihre Runden
zwischen Häuschen und Bäumchen.
Die beiden beobachten den furchtlosen
Goldhamster, der in der Lok sitzt, eine
Bahnermütze aus Papier auf dem wu-
scheligen Kopf trägt und mit seinen
schwarzen Augenknöpfen frech in die
Landschaft guckt, als wollte er sagen:
„Hab ich es super? Oder was?"
    Nick und Julia gucken beide durch das
Tunnel-Loch im Berg. Jeder erblickt am
anderen Ende ein großes Auge.

„Ich kann dich sehen", ruft Nick gerade.

Und dann – „Au!" – gibt es eine
Entgleisung, weil der Zug gegen Nicks
Hinterkopf rast. Glücklicherweise ist der
Hamster unverletzt! Aber er bekommt
einen Schmerzenskeks mit Schoko-
streuseln. Nur gegen den Schreck.

„Und was bekomme ich?", fragt Nick.

„Was fehlt dir denn?", fragt Julia.

„Was mir fehlt? Ich krieg bestimmt
eine Beule."

Julia befühlt Nicks Kopf. Sie kann
nichts feststellen. Er schreit trotzdem
auf.

„Oh Mann, bist du vielleicht empfindlich", sagt Julia. „Ich dachte, du bist cool. Hier, nimm auch einen Keks."

Als sie beide kekskauend vor der Eisenbahn sitzen und Julia die Schienen wieder in Ordnung bringt, fragt Nick: „Du, Julia, willst du auch mal Lokführer werden?"

„Ach Quatsch!" Julia schüttelt den Kopf. „Ich werde Brückenbau-Ingenieurin und baue die großen Brücken, über die der ICE fährt."

„Krass", sagt Nick bewundernd und ist sich gar nicht mehr sicher, ob er wirklich Lokführer werden will.

Die größte Erfindung aller Zeiten

Parzifal Pechfinger war der größte Erfinder aller Zeiten. Er hatte eine Wolkenzählmaschine erfunden, einen Reißverschluss für Ritterrüstungen, ein Anti-Drachenspray und ein ganz wunderbares Haarwuchsmittel, dem er seinen gewaltigen Schnurrbart verdankte.

Seine nächste Erfindung aber sollte seine größte werden: Er würde Gold machen. Jawohl, echtes Gold! Und davon würde er sich endlich eine Heizung kaufen, denn in seiner Burg war es sogar im Sommer scheußlich kalt. Löwenzahnblüten – das war das ganze Geheimnis!

Zum Glück war noch niemand anderes darauf gekommen. Löwenzahnblüten, Butter und – den Rest darf ich hier leider nicht verraten.

An einem kalten Apriltag also schleppte Parzifal einen Riesensack Blüten, reichlich Butter und die streng geheimen Zutaten in sein Labor tief unten in der Burg. Die Burgtürme waren leider alle bei Experimenten explodiert und ragten nun wie abgebrochene Zähne in den Himmel. Frierend, aber frohgemut machte Parzifal sich an die Arbeit. Er pfiff sogar sein Lieblingslied vor sich hin – „Der Mai ist gekommen" –, während er die Blüten zerrupfte.

Nach zwei Stunden harter Arbeit stand er vor einem zähen goldgelben Brei.

„Die richtige Farbe, aber etwas zu matschig", dachte Parzifal Pechfinger. „Aber was nicht ist, kann ja noch werden." Dann legte er sich ein Stündchen in sein herrlich warmes Bett.

Als er erneut die zahllosen Stufen zum Labor hinunterstieg, kam ihm ein merkwürdiger Geruch entgegen.

„Pudding!", dachte Parzifal. „Es riecht nach Löwenzahnpudding!"

Noch erstaunlicher war, dass es mit jeder Stufe wärmer wurde! Vorsichtig lugte Parzifal durch die Labortür. Der goldene Brei stand unverändert auf dem Tisch. Und Duft und Wärme kamen zweifellos von ihm.

Zögernd trat Parzifal vor den großen Teller und pikste mit dem Finger in seine Erfindung.

„Blobb!", machte es.

„Hm. Fester ist er nicht gerade geworden", dachte er.

„Blobb-Blobb!", machte der Brei und schwabbelte vom Tisch herunter. Zwei Augen zwinkerten Parzifal zu und ein breiter Mund lächelte ihm aus der goldenen Masse entgegen.

„Der Mai ist geko-ommen", sang der Brei, schwappte an seinem sprachlosen Erfinder vorbei und schwabbelte duftend die Treppe hinauf.

„Erstaunlich!", sagte Parzifal Pechfinger. „Ganz außerordentlich, dieser Brei. Ich werde ihn Puddingmonster nennen."

Dann hastete er eilig seiner wunder-
vollen Erfindung nach.

Das Puddingmonster war inzwischen so
groß geworden, dass es durch den Kamin
nach draußen schwappte und es sich
dampfend und duftend auf dem löchrigen
Burgdach bequem machte. Von da
schwabbelte und wabbelte es singend
die kalten Mauern hinunter, bis die ganze
Burg unter einer warmen Puddingmütze
verschwunden war.

Und Parzifal Pechfinger?

Der saß mit einem glücklichen Lächeln in seinem Lieblingssessel, ließ die wundervolle Wärme in seine kalten Glieder ziehen – und lauschte.

Das buttergelbe Puddingmonster auf seinem Dach sang mit tiefer Stimme: „Der Mai ist gekommen."

Und Parzifal seufzte zufrieden.

„Fürwahr!", sagte er leise. „Das ist meine allergrößte Erfindung!"

Alexander Graham Bell

Sophie konnte die Musik schon von draußen hören. Es war ein Lied von früher, ein Oldie.

Leider versuchte jemand, das Lied mitzusingen. Die Tonlage war so schief, dass selbst die Jury von *Deutschland sucht den Superstar* sprachlos darüber gewesen wäre. Man konnte nicht einmal erkennen, ob die Stimme weiblich oder männlich war.

„Max …!", dachte Sophie und öffnete die Haustür.

In der Wohnung war es beinahe so laut wie in der Teenie-Disco im Jugendzentrum, in der sie vor ein paar Tagen zum ersten Mal gewesen war. Wahrscheinlich war Mama nicht zu Hause und Max nutzte die Gelegenheit, seine Anlage einmal richtig aufzudrehen.

Doch Sophie irrte sich. Ihr Bruder hatte mit dem Lärm nicht das Geringste zu tun.

Ganz im Gegenteil. Mit offenem Mund stand er in der Küchentür und schüttelte nur ungläubig den Kopf.

Als Max seine Schwester bemerkte, winkte er sie zu sich.

„Komm schnell, das musst du gesehen haben!", sagte Max.

Sophie huschte über den Flur und warf einen Blick in die Küche. Sie traute ihren Augen kaum!

Mama tanzte um den Küchentisch, hielt
den Kochlöffel wie ein Mikrofon vor den
Mund und sang lauthals mit:

„Alexander Graham Bell

Well, he knew darned well ..."

„Was bedeutet ‚darned'?", fragte
Sophie leise ihren Bruder, der immerhin
schon in der 6. Klasse war und es eigentlich wissen musste. Den übrigen Text
hatte sie verstanden. Jedenfalls so ei-
nigermaßen.

Doch Max zuckte nur mit den Schultern.
„Keine Ahnung", flüsterte er zurück.

„Verflixt", sagte Mama plötzlich.

Sophie und Max starrten sie an.

„‚Darned' bedeutet ‚verflixt'“, erklärte
Mama und sang dann auf Deutsch weiter:
„Alexander Graham Bell, ja, der wusste
verflixt gut …“ Dann hörte sie plötzlich
auf zu singen und lächelte gedanken-
verloren vor sich hin.

„Woran denkst du?“, fragte Sophie
neugierig.

„An früher“, sagte Mama. „Der Song
war mal mein Lieblingslied.“

„Als du Papa kennengelernt hast?“,
wollte Sophie wissen.

Mama schüttelte den Kopf. „Nein, viel
früher“, sagte sie und senkte die Stimme.
„Bei dem Lied habe ich mich zum ersten
Mal verliebt!“

„In Alexander Graham Bell?", fragte Max erstaunt.

„Quatsch!" Mama lachte. „Der hat das Telefon erfunden, von dem handelt das Lied doch nur. Nein, meine erste Liebe hieß Martin." Sie schloss die Augen und seufzte.

„Martin konnte traumhaft tanzen und seine Stimme war einfach himmlisch. Er hat mir alles über diesen Erfinder erzählt und ich habe ihm stundenlang zugehört. Obwohl mich das eigentlich gar nicht interessiert hat."

„Genau wie bei mir und Finn", dachte Sophie und seufzte ebenfalls.

Seit ihrem ersten Abend in der Teenie-Disco wusste sie alles über Basketball …

„Aber – dieser Alexander Graham Bell ist doch gar nicht der Erfinder des Telefons", sagte Max.

Mama stutzte. „Nicht?"

„Nein, das war ein gewisser Antonio Meucci", behauptete Max. „Das weiß ich aus dem Internet."

„Oh", machte Mama und dachte nach. Doch dann winkte sie ab. „Weißt du was? Das ist mir egal. Die Hauptsache war, dass Martin eine schöne Stimme hatte!"

„Genau", dachte Sophie und freute sich schon auf ihren nächsten Disco-Besuch …

Geisterkühe

„Also, du Stadtlaus, was ist jetzt?", fragt
Olli und schaut Max fies grinsend an.
„Willst du jetzt einer von uns werden
oder nicht?"

„Klar will ich das!", ruft Max.
„Okay", sagt Olli. „Heute Nacht – wie
verabredet. Du weißt, was du zu tun hast."
Max nickt. Oh ja, das weiß er. Schließ-
lich haben sich Olli und die anderen
Jungs aus seiner neuen Klasse eine ganz

besonders fiese Mutprobe für ihn ausgedacht.

Max rennt nach Hause und wirft sich auf sein Bett. Er muss an seine Freunde aus Berlin denken. Seit er aufs Land gezogen ist, läuft alles schief. Und das nur wegen Papas neuer Arbeit!

Jemand klopft an die Tür. Seine Zwillingsschwester Paula steckt den Kopf herein. „He Max, was ist los mit dir?"

„Ich möchte keine Stadtlaus mehr sein", ruft Max wütend. „Dann mach ich eben diese blöde Mutprobe. Olli und die anderen werden sich noch wundern."

„Was für eine Mutprobe?", will Paula wissen.

„Ich soll heute Nacht eine schlafende Kuh umwerfen", sagt Max kleinlaut.

„Waaas?", brüllt Paula und dann fängt sie an zu lachen.

Max seufzt. Bei dem Gedanken, sich einer Kuh zu nähern – und das auch noch bei Nacht –, klopft sein Herz laut in den Ohren. Und es hört sich an wie *muh, muh, muh.*

„Die wollen dich reinlegen." Paulas Augen glitzern.

Max sieht seine Schwester ratlos an.

„Kühe schlafen doch im Liegen", meint Paula. „Hast du das nicht gewusst?"

Max schüttelt den Kopf.

„Bestimmt wollen Olli und seine Freunde nur sehen, wie du im Dunkeln im Stall herumschleichst und dich gruselst", vermutet Paula. „Aber denen werden wir es heimzahlen!"

„Und wie sollen wir das anstellen?", fragt Max.

Paula denkt nach. Dann hat sie eine Idee.

„Ganz einfach", sagt sie triumphierend. „Wir lauern ihnen auf. Und dann erschrecken wir sie so, dass sie ‚Stadtlaus' nicht mal mehr buchstabieren können. Du hast doch bestimmt noch die Halloween-CD mit der gruseligen Musik, oder?"

Max nickt.

„Gut, dann legen wir die schwarzen Umhänge vom Harry-Potter-Fest um und ziehen uns die weißen Strümpfe von Mamas Faschingskostüm über den Kopf. Das beleuchten wir dann von unten mit unseren Taschenlampen."

„Ja, aber die Kühe?", fragt Max.

Paula schüttelt den Kopf. „Vergiss die Kühe! Ollis Bande wird schneller wegrennen, als wir zählen können."

„Und wenn eine Kuh aufwacht?", überlegt Max.

„Dann erzählst du ihr eine Gutenachtgeschichte!", sagt Paula und lacht.

Als die beiden zwei Stunden später verkleidet zum Stall schleichen, schlägt Max' Herz lauter als die Kirchturmuhr.

„Sie sind noch nicht da", flüstert Paula. Vorsichtig steigt sie zwischen den schlafenden Kühen hindurch.

„Hier ist es gut", sagt sie und bleibt neben einer Kuh mit Hörnern stehen.

Max fröstelt. Wenn er die Hörner der Kuh anschaut, dann ist es, als würde ein verrückter Trommler auf seinem Herz herumhämmern.

„Ich glaube, sie kommen", flüstert Paula. „Los, mach den CD-Spieler an.

Und auf drei beleuchten wir dann unsere Gesichter."

Gesagt, getan. Gruselige Musik tönt durch den Kuhstall und Max und Paula sehen in ihren Kostümen wirklich zum Fürchten aus.

„Uaaaah", kreischt Olli. „Nichts wie weg! Hier gibt's Geister!"

„Ja, Kuhgeister!", ruft Max ihm nach und dann lachen Max und Paula, bis sie keine Luft mehr kriegen.

Ein seltsamer Fahrgast

Rattata, rattata, rattata! Der Zug fuhr durch die Nacht.

Peter sah auf die Armbanduhr, die ihm Tante Maria zum Abschied geschenkt hatte: fünf Minuten vor elf Uhr. Morgen früh würde er wieder zu Hause sein. Die Ferien in Südtirol waren zu Ende.

Peter machte es sich in der Ecke des Abteils gemütlich. Eine trübe Funzel brannte an der Decke. Ihm gegenüber saß ein dicker Mann mit heraus-

quellenden Froschaugen. Sonst war
das Abteil leer.

Der Mann fragte: „Wie spät ist es?"

„Vier Minuten vor elf", antwortete Peter.

Der Mann sagte nicht einmal danke,
er starrte Peter nur ununterbrochen an,
als wollte er ihn verschlingen. Dabei ließ
er seine Zunge über die dicken, breiten
Lippen gleiten.

Der Zug fuhr nun durch einen Tunnel.
Das Licht ging aus.

Rattata, rattata, rattata! Peter drückte sich in die Ecke, es schien ihm, als käme von der gegenüberliegenden Bank, wo der Mann saß, ein eisiger Windhauch. Endlich ging das Licht wieder an. Gleichzeitig kam der Schaffner und verlangte die Fahrkarte.

„Quaaak!", sagte jemand.

Der Schaffner blickte erstaunt auf. „Wie kommt denn der Frosch ins Abteil?"

Gegenüber von Peter saß ein kleiner grüner Frosch und glotzte ihn mit herausquellenden Augen unverwandt an. Plötzlich schnappte er mit seinem breiten Maul nach einer Fliege. Dann machte er noch einmal „Quaaak!".

„Aber vorhin hat da ein Mann gesessen!", stammelte Peter.

Doch der Schaffner meinte kopfschüttelnd: „Unmöglich. Den hätte ich doch beim Einsteigen sehen müssen." Vorsichtig nahm er den kleinen Frosch

in die Hand und sagte: „Den bringe ich meinen Kindern mit."

Nun war das Abteil ganz leer. Nur Peter saß in der Ecke. Es war Punkt elf Uhr. Wie konnte sich innerhalb weniger Minuten ein Mann in einen Frosch verwandeln? „Das glaubt mir kein Mensch!", dachte Peter und schlief ein.

Der Zug fuhr weiter durch die Nacht: *Rattata, rattata, rattata*!

Endlich richtig Eishockey!

Heute ist der größte Tag in Alex' Leben.
Findet Alex jedenfalls.

„Papa, fahren wir bald los?", fragt
Alex schon zum hundertsten Mal. Und
wieder antwortet sein Vater, dass es
noch viel zu früh ist.

Sechs Wochen lang war Alex nun
jeden Dienstag beim Schnuppertraining
in der Eishalle. Da hat er schon einiges
gelernt: vorwärts fahren, gleiten auf einem
Bein, im Kreis fahren und sogar Fuchs und
Hase spielen, mit Abschlagen. Alles kein
Problem mehr! Trainer Schubert ist zufrieden mit Alex. Deshalb darf er ab heute
mit den richtigen Eisbären trainieren. Mit
den kleinen natürlich. Als echtes Vereins-
mitglied.

„Papa, fahren wir jetzt?" Alex kann es
kaum noch erwarten.

Und dann geht es endlich los, zum
Sportzentrum.

Im Umkleideraum herrscht ein großes Gewusel. Zwanzig kleine Eisbären tummeln sich dort und verwandeln sich in richtige Eishockeyspieler. Alex gehört zu der Gruppe mit den roten Trikots. Stolz packt er seine Ausrüstung aus, die er von seinen Eltern und Großeltern zum Geburtstag bekommen hat. Als Erstes zieht Alex den Schwitzanzug an. Dann kommen Tiefschutz, Schienbeinschützer und Stutzen. Danach die Hose und die Schlittschuhe. Zum Schluss sind Ellenbogenschützer und Trikot dran. Und als allerletztes Helm und Handschuhe. Puh! Das ist gar nicht so leicht, sich die richtige Reihenfolge zu merken. Jedenfalls sehen die Jungs aus wie Supermänner, wenn sie fertig sind, findet Alex. Richtig klasse! Dann schnappt er sich seinen Schläger und ab geht's in die Eishalle.

Alex' Vater sitzt mit anderen Eltern auf der Tribüne und winkt Alex zu. Aber Alex hat keine Zeit mehr zum Winken.

Denn jetzt ist volle Konzentration ange-
sagt. Schnell wie der Wind saust Alex
mit den anderen Eisbären im Kreis herum,
den Schläger fest in den Händen. Dann
sollen die Jungen unter dem Schläger
von Trainer Schubert durchfahren, der
in Hüfthöhe über dem Eis schwebt. Das
ist gar nicht so einfach.

Beim ersten Mal fällt Alex hin. Aber das
macht nichts. Beim zweiten Mal klappt es
schon besser. Auch das Springen über
den Schläger hinweg ist nicht von Pappe.
Schließlich soll Alex ja auf den Schlitt-
schuhen landen und nicht auf der Nase!
Aber der Sprung klappt bestens. Am
meisten Spaß macht es Alex jedoch, in
vollem Tempo auf die Bande zuzulaufen
und erst im allerletzten Moment eine
Vollbremsung zu machen. Da muss er
höllisch aufpassen, damit er nicht voll
gegen die Bande knallt. Aber das wäre
auch nicht weiter schlimm, denn Alex'

Körper ist rundum geschützt. Das Training ist ganz schön anstrengend! Aber Alex kann es nur recht sein. Schließlich will er ein richtig guter Eishockeyspieler werden!

„Jetzt kommt der Puck!", ruft der Trainer und pfeift das erste Spiel an. „Immer fünf Rote gegen fünf Blaue. Nach einer Minute wird gewechselt!"

Alex freut sich. Richtige Spiele mag er am liebsten.

„Los, Torben, den Puck kriegen wir!", ruft er seinem Freund zu. Torben trainiert schon ein halbes Jahr bei den Eisbären und ist richtig gut.

Alex startet voll durch, erwischt den Puck mit seinem Schläger und saust in Richtung Tor. Geschickt umspielt Alex seinen Gegenspieler, zielt auf das Tor der Blauen und zieht den Schläger kraftvoll durch. Aber der Torwart wirft sich mutig hin und die Scheibe prallt an seiner Fanghand zurück ins Feld. Das

war knapp! Und da kommt auch schon
Torben angeflitzt. Er knöpft einem Blauen
den Puck ab, läuft wie der Blitz zum Tor
zurück und schießt: TOR!! Alex klopft
begeistert mit seinem Schläger aufs Eis.
Das erste Tor für die Roten! Und er war
hautnah dabei!

Leider ist das Training schon bald zu
Ende. Dabei könnte Alex noch ewig so
weitermachen. Am liebsten den ganzen
Tag! Aber zum Glück ist nächste Woche
ja wieder Training. Alex kann es kaum
erwarten.

Die Parkeisenbahn

„Ellen, räumst du heute mal dein Zimmer auf?", fleht die Mutter.

„Null Bock! Hab Ferien!", sagt Ellen.

„Wir gehen dann auch zur Parkeisenbahn!", lockt die Mutter.

„Schon wieder Parkeisenbahn", mault Ellen. „Kriege ich dann wenigstens ein Eis?"

Ihre Mutter verspricht es und Ellen beginnt zumindest ansatzweise, das Chaos in ihrem Zimmer zu beseitigen.

Zwischen den alten Bäumen des Stadtparks, vorbei an den sonnengesprenkelten Lichtungen, kreist die Parkeisenbahn, Gesamtstrecke 1,5 Kilometer.

Ellen ist mit der Mutter oft dort gewesen, sie kennt jede Station: Hauptbahnhof, Reparaturwerk, Parkcafé, Waldeslust, Hauptbahnhof. Langsam hat sie keine Lust mehr auf die ewig gleichen Runden.

Auch diesmal ist alles wie immer. Das
Getute, der Qualm aus der kleinen roten
Diesellok, die drei rumpelnden Waggons
ohne Dächer, mit vorgehängten Ketten
statt Türen. Die zahlreichen Schaffner
in den altmodischen Uniformen des
Eisenbahn-Fördervereins, die eigentlich
Schüler sind.

Doch dann wird Ellens Fahrkarte
gelocht. Den Schaffner hat sie schon

voriges Jahr ein paarmal gesehen, aber da fand sie an ihm nichts Besonderes. Stirn, Nase, Mund, das lange braune Haar, die schlaksige Gestalt – nein, wirklich …

Aus dem anderen Wagen ruft ihm ein Kollege etwas zu. Ellen versteht den Namen Mario. Und komisch, plötzlich findet Ellen es unverschämt, dass dieser nur ein bisschen ältere Mario ihr die Karte so nachlässig zurückreicht, die Augen schon beim nächsten Fahrgast.

Nach dem Aussteigen, beim Eis, wundert sich die Mutter, dass ihre Tochter sich auf einmal für den Eisen-bahn-Förderverein interessiert. Und den Wunsch äußert, gleich heute noch mal wiederzukommen. Zur „Mondschein-Sonderfahrt", für die ein großes Plakat wirbt.

„Nanu?", fragt die Mutter.

„Ich finde Mondschein total romantisch!", erklärt Ellen.

„Was ist bloß in dich gefahren?" Die Mutter sieht Ellen prüfend an und lacht: „Hast du vielleicht Zugluft abbekommen?"

Am Abend zieht sich der Himmel zu. Statt des Mondes erleuchten Lampions die Bahnstrecke. Und statt eines gewissen Schaffners kontrolliert die Karten ein gemütlicher alter Herr, der Vorstand des Eisenbahn-Fördervereins höchstpersönlich.

Da will Ellen wissen, wie man Vereins-
mitglied werden kann.

„Komm morgen früh um neun Uhr, wir
räumen das Gelände auf, putzen Lok
und Waggons. Und wenn du dann noch
Mitglied werden möchtest …" Der
Vorstand blinzelt der Mutter zu.

Die seufzt: „O weh, meine Tochter
und Aufräumen? In den Ferien?"

Wie überrascht ist sie am nächsten
Morgen, als Ellen tatsächlich früh auf-
steht, sich wäscht und lange vor dem
Spiegel steht. Und das freiwillig!

Im Park trifft sie den alten Herrn von
gestern Abend und außerdem jede
Menge andere Kinder. Der Vorstand
teilt Werkzeug aus. Ellen bekommt
einen Eimer und einen Spachtel.

„Wozu?", fragt sie verwundert.

„Wirst du gleich sehen", schmunzelt
der Vorstand.

Da es zu nieseln anfängt, arbeiten die
Vereinsmitglieder heute im Reparatur-

werk, das eigentlich nur ein großer Schuppen ist. Durch die blinden Scheiben fällt trübes Licht. Ellen kratzt gelangweilt Kaugummi vom Boden eines Bahnwagens. Zufällig hebt sie den Blick: Im Gang, direkt gegenüber, kniet einer und kratzt ebenfalls. Es ist Mario. Drei Meter noch und sie werden sich in der Mitte begegnen. Ob er dann auch wegguckt?

Gespenster auf dem Schulhof

„Das ist nicht geschrieben, das ist geschmiert!", schimpft Frau Völker. „Du bleibst nach der Schule hier und schreibst deinen Aufsatz noch einmal sauber ab!"

Flori starrt Frau Völker mit offenem Mund an.

Dann stottert er: „Ich … ich … muss … aber um halb fünf ins Fußballtraining."

„Das hättest du dir vorher überlegen sollen."

Jan und Kai gucken Flori an und ziehen die Schultern hoch.

Zehn Minuten vor vier ist die Stunde zu Ende. Die Kinder laufen hinaus. Nur Flori und Frau Völker bleiben im Klassenzimmer.

Flori schreibt so sauber wie noch nie. Nach einer halben Stunde ist er fertig und zeigt seinen Aufsatz Frau Völker.

„Siehst du, du kannst es", lobt sie Flori. „Du musst dir nur Mühe geben. Und jetzt darfst du gehen."

Flori packt schnell seine Sachen zusammen und läuft hinaus. Draußen ist es schon ziemlich dunkel. Der Schulhof sieht ein wenig unheimlich aus. Flori muss zum Fahrradständer am anderen Ende des Schulhofs. Dort steht sein Rad. Flori schaut sich um, dann geht er langsam los. Seine Augen wandern unruhig über den Schulhof.

Da! Da ist etwas! Bei dem Baum hat
sich etwas bewegt! Flori bleibt stehen.
„Mein Rad! Ich muss zu meinem Rad!",
denkt er und überlegt fieberhaft, wie er
zum Fahrradständer kommen könnte,
ohne dass er an dem Baum vorbeimuss.

Dann hört er Schritte. Starr vor Schreck
steht Flori mitten auf dem Schulhof.
Sein Herz schlägt so heftig, dass es fast
wehtut. Die Gedanken schießen nur so
durch Floris Kopf: Gespenster! Räuber!
Vampire!

Die Schritte kommen immer näher und näher. Flori spürt schon, wie jemand nach ihm greift.

„Hilfe!", ruft er plötzlich. Und noch einmal: „Hilfe!" Gleichzeitig rast er los, quer über den Schulhof.

„Flori! Bleib stehen!", ruft jemand.

„Nein, nicht stehen bleiben", hämmert es in Floris Kopf. „Rennen, rennen bis nach Hause. Sonst haben sie mich."

Auf einer Treppe stolpert Flori und stürzt. Bevor er sich wieder hochrappeln kann, wird er von hinten an der Schulter gepackt.

„Nein!", schreit Flori.

„Bist du verrückt geworden?"

Flori reißt sich los.

„Halt ihn fest!", ruft eine andere Stimme.

Die Stimmen kommen ihm bekannt vor.

Flori bleibt stehen und dreht sich um. Hinter ihm kommen seine Freunde Jan und Kai angeschnauft.

„Ihr wolltet mir Angst machen!",
schreit Flori. „Ihr seid gemein, ihr …"

„Stimmt ja gar nicht!", brüllt Kai.

„Aber du hast vor Angst bestimmt in
die Hose …"

„Halt die Klappe, du Stinktier!"

„Du stinkst ja selber!"

„Hört doch auf, ihr Blödmänner!", ruft
Jan und stellt sich zwischen Flori und
Kai. „Wir wollten dich zum Training ab-
holen. Hier sind deine Sachen drin."

Er drückt Flori ziemlich unsanft einen
Sportbeutel an die Brust. „Den haben
wir bei deiner Mutter geholt."

Flori nimmt den Sportbeutel. Er sagt
kein Wort mehr.

Und jetzt ist Flori wirklich froh, dass
es schon ziemlich dunkel ist. So können
seine Freunde die Tränen in seinen
Augen nicht sehen.

Der Vampir vom Schlossberg

Wisst ihr, was ein Vampir ist? Eine Fledermaus, die Blut trinkt. So steht es im Lexikon, dem schlauesten aller Bücher.

Aber ich habe einmal einen ganz besonderen Vampir gesehen.

An einem Herbstabend machte ich einen Spaziergang zum nahe gelegenen Schlossberg. Unterwegs fand ich braunrote Kastanien, hob sie auf und steckte sie ein. Ich wollte daraus Männchen für meine Freunde basteln.

Auf einmal hörte ich ein merkwürdiges Rauschen in der Luft. Die Baumwipfel bewegten sich und ein riesiges Tier fiel direkt vor meine Schuhspitzen. Als ich genauer hinsah, merkte ich, dass es ein dünner Mann mit einem weiten Mantel war. Zwei spitze Zähne hingen ihm über die schlaffe Unterlippe.

„He", sagte ich ungehalten, „was willst du hier? Verschwinde gefälligst!"

Der Mann sah mich durchdringend an. Dann knurrte er böse: „Ich will dein Blut!"

Ihr könnt euch denken, dass ich einen ziemlichen Schreck bekam. Doch ich ließ mir nichts anmerken und sagte forsch: „Mein Blut brauche ich selber. Da musst du dich schon anderweitig bemühen."

Unruhig spielte ich mit den Kastanien in meinen Händen. Der Vampir machte Stielaugen.

„Was hast du da?", fragte er. Da kam mir eine Idee.

„Das geronnene Blut des Waldes", sagte ich mutig und polierte die braunroten Kastanien.

„Gib sie mir!", rief der Vampir gierig. „Dann lass ich dich laufen."

Ich warf ihm die Kastanien zu. Er fing sie geschickt auf, breitete seinen weiten Mantel aus, erhob sich in die Lüfte und verschwand.

Ich atmete erleichtert auf. Und dachte: „So ein Vampir hat doch keine Ahnung, was im Wald alles herumliegt. Der wird sich die Zähne ganz schön an den Kastanien ausbeißen!"

Dann machte ich, dass ich schnell nach Hause kam.

Quellenverzeichnis

S. 13–21
Julia Boehme, *Die Baumhaus-Detektive*,
aus: dies., Leselöwen-Baumhausgeschichten,
farbig illustriert von Katharina Wieker.
© 2003 Loewe Verlag GmbH, Bindlach

S. 22–26
Manfred Mai, *Oli hat Mut*,
aus: ders., Leselöwen-Schulhofgeschichten,
farbig illustriert von Erhard Dietl.
© 1995 Loewe Verlag GmbH, Bindlach

S. 27–35
Ulli Schubert,
Die Meerschweinchen-Fütter-Maschine,
aus: ders., Leselöwen-Erfindergeschichten,
farbig illustriert von Elisabeth Holzhausen.
© 2007 Loewe Verlag GmbH, Bindlach

S. 36–41
Elisabeth Zöller, *Die Schlange im Klo*,
aus: dies., Leselöwen-Tierfreundegeschichten,
farbig illustriert von Wilfried Gebhard.
© 2001 Loewe Verlag GmbH, Bindlach

S. 42–49
Michaela Hanauer, *Das Einhorn im Garten*,
aus: dies., Leselöwen-Einhorngeschichten,
farbig illustriert von Lisa Althaus.
© 2009 Loewe Verlag GmbH, Bindlach

S. 50–54
Cornelia Funke,
Baldur von Blechschrecks Geheimnis,
aus: dies., Leselöwen-Rittergeschichten,
farbig illustriert von der Autorin.
© 1994 Loewe Verlag GmbH, Bindlach

S. 55–58
Doris Jannausch,
Als ich in einer Nuss eingesperrt war,
aus: dies., Leselöwen-Gruselgeschichten,
farbig illustriert von Maria Wissmann.
© 1995 Loewe Verlag GmbH, Bindlach

S. 59–63
Antonia Michaelis, *Mörikes bestes Gedicht*,
aus: dies., Leselöwen-
Lampenfiebergeschichten,
farbig illustriert von Alexander Bux.
© 2007 Loewe Verlag GmbH, Bindlach

S. 64–72
Sarah Herzhoff, *Blitz hat Angst vor Donner*,
aus: dies., Leselöwen-Fohlengeschichten,
farbig illustriert von Julia Ginsbach.
© 2009 Loewe Verlag GmbH, Bindlach

S. 73–76
Doris Jannausch, *Das Piratenschiff*,
aus: dies., Leselöwen-Gruselgeschichten,
farbig illustriert von Maria Wissmann.
© 1995 Loewe Verlag GmbH, Bindlach

S. 77–83
Sigrid Heuck, *Ausgelacht wird niemand gern*,
aus: dies., Leselöwen-Cowboygeschichten,
farbig illustriert von Gerhard Schröder.
© 1995, 2007 Loewe Verlag GmbH, Bindlach

S. 84–89
Kathrin Schrocke, *Die Kinderdisco*,
aus: dies., Leselöwen-
Sternschnuppengeschichten,
farbig illustriert von Julia Ginsbach.
© 2006 Loewe Verlag GmbH, Bindlach

S. 90–97
Alexandra Fischer-Hunold, *Es geht ums Ganze*,
aus: dies., Leselöwen-Reiterferiengeschichten,
farbig illustriert von Anne Wösteinrich.
© 2003 Loewe Verlag GmbH, Bindlach

S. 98–104
Manfred Mai,
Ein geheimnisvoller Mann,
aus: ders., Leselöwen-Detektivgeschichten,
farbig illustriert von Wilfried Gebhard.
© 1998 Loewe Verlag GmbH, Bindlach

S. 105–108
Alexandra Fischer-Hunold,
Badewannenparty,
aus: dies., Leselöwen-Mammutgeschichten,
farbig illustriert von Leopé.
© 2008 Loewe Verlag GmbH, Bindlach

S. 109–113
Julia Boehme,
Das Duell im Schlangental,
aus: dies., Leselöwen-Wildwestgeschichten,
farbig illustriert von Jan Birck.
© 2000 Loewe Verlag GmbH, Bindlach

S. 114–120
Beatrix Mannel, *Falsche Diebe*,
aus: dies., Leselöwen-Reitschulgeschichten,
farbig illustriert von Rebecca Abe.
© 2004 Loewe Verlag GmbH, Bindlach

S. 121–126
Gerit Kopietz & Jörg Sommer,
Tinka und Tiger,
aus: dies., Leselöwen-Katzengeschichten,
farbig illustriert von Pieter Kunstreich.
© 2000 Loewe Verlag GmbH, Bindlach

S. 127–130
Mirjam Pressler, *Bärengeburtstag*,
aus: dies., Leselöwen-Geburtstagsgeschichten,
farbig illustriert von Maria Wissmann.
© 1994 Loewe Verlag GmbH, Bindlach

S. 131–137
Gunter Preuß, *Der alte Zottel*,
aus: ders., Leselöwen-Hundegeschichten,
farbig illustriert von Philip Hopman.
© 1996 Loewe Verlag GmbH, Bindlach

S. 138–143
Beatrix Mannel, *Der Brief*,
aus dies., Leselöwen-Herzklopfengeschichten,
farbig illustriert von Julia Ginsbach.
© 2005 Loewe Verlag GmbH, Bindlach

S. 144–151
Fabian Lenk,
Der Wettkampf der Regen- und Windhexen,
aus: ders., Leselöwen-Geheimclubgeschichten,
farbig illustriert von Eva Czerwenka.
© 2002, 2006 Loewe Verlag GmbH, Bindlach

S. 152–159
Cornelia Funke, *Der Namenlose Ritter*,
aus: dies., Leselöwen-Rittergeschichten,
farbig illustriert von der Autorin.
© 1994 Loewe Verlag GmbH, Bindlach

S. 160–166
Bernd Schreiber, *Pony in Gefahr*,
aus: ders., Leselöwen-Feuerwehrgeschichten,
farbig illustriert von Wilfried Gebhard.
© 2002 Loewe Verlag GmbH, Bindlach

S.167–171
Günter Grün, *Ein Hamster fährt Eisenbahn*,
aus: ders., Leselöwen-Eisenbahngeschichten,
farbig illustriert von Heribert Schulmeyer.
© 2002 Loewe Verlag GmbH, Bindlach

S. 172–178
Cornelia Funke,
Die größte Erfindung aller Zeiten,
aus: dies., Leselöwen-Monstergeschichten,
farbig illustriert von Elisabeth Holzhausen.
© 1993 Loewe Verlag GmbH, Bindlach

S. 179–184
Ulli Schubert, *Alexander Graham Bell*,
aus: ders., Leselöwen-Erfindergeschichten,
farbig illustriert von Elisabeth Holzhausen.
© 2007 Loewe Verlag GmbH, Bindlach

S. 185–191
Beatrix Mannel, *Geisterkühe*,
aus: dies., Leselöwen-Herzklopfengeschichten,
farbig illustriert von Julia Ginsbach.
© 2005 Loewe Verlag GmbH, Bindlach

S. 192–196
Doris Jannausch, *Ein seltsamer Fahrgast*,
aus: dies., Leselöwen-Gruselgeschichten,
farbig illustriert von Maria Wissmann.
© 1995 Loewe Verlag GmbH, Bindlach

S. 197–202
Christina Koenig, *Endlich richtig Eishockey!*,
aus: dies., Leselöwen-Eislaufgeschichten,
farbig illustriert von Christian Zimmer.
© 2006 Loewe Verlag GmbH, Bindlach

S. 203–208
Günter Grün, *Die Parkeisenbahn*,
aus: ders., Leselöwen-Eisenbahngeschichten,
farbig illustriert von Heribert Schulmeyer.
© 2002 Loewe Verlag GmbH, Bindlach

S. 209–213
Manfred Mai, *Gespenster auf dem Schulhof*,
aus: ders., Leselöwen-Schulhofgeschichten,
farbig illustriert von Erhard Dietl.
© 1995 Loewe Verlag GmbH, Bindlach

S. 214–217
Doris Jannausch,
Der Vampir vom Schlossberg,
aus: dies., Leselöwen-Gruselgeschichten,
farbig illustriert von Maria Wissmann.
© 1995 Loewe Verlag GmbH, Bindlach

Drachenstark und torgefährlich

Gefahr im Geschichtendschungel!
Tapfere Ritter, furchterregende Drachen
und unheimliche Schatten entführen ins echte
Leseabenteuer. Aber Vorsicht, dieses
Buch ist nur für starke Jungs!

Rosarot
und mädchenstark

Freche Fohlen, süße Delfine und
zauberhafte Einhörner: In dieser rosaroten
Lesewelt findet sich alles, wovon Mädchen träumen.
Ein Buch für Pferdefreundinnen, zarte Ballerinen,
clevere Detektivinnen und solche, die
es werden wollen!